Proyecto de la OCDE y del G-20 sobre la Erosión de la Base Imponible y el Traslado de Beneficios

Impedir la utilización abusiva de convenios fiscales, Acción 6 – Informe final 2015

Por favor, cite esta publicación de la siguiente manera:
OCDE (2016), *Impedir la utilización abusiva de convenios fiscales, Acción 6 – Informe final 2015*, Proyecto de la OCDE y del G-20 sobre la Erosión de la Base Imponible y el Traslado de Beneficios, Éditions OCDE, Paris.
http://dx.doi.org/10.1787/9789264257085-es

ISBN 978-92-64-25707-8 (impresa)
ISBN 978-92-64-25708-5 (PDF)

Serie: Proyecto de la OCDE y del G-20 sobre la Erosión de la Base Imponible y el Traslado de Beneficios
ISSN 2415-6094 (impresa)
ISSN 2415-6108 (en linea)

Fotografías: Portada © ninog – Fotolia.com

Las erratas de las publicaciones de la OCDE se encuentran en línea en: *www.oecd.org/about/publishing/corrigenda.htm*.

Prefacio

Los problemas de fiscalidad internacional nunca habían ocupado un lugar tan prioritario en las agendas políticas como hoy en día. La integración de las economías y los mercados nacionales se ha intensificado de manera sustancial en los últimos años colocando, así, contra las cuerdas al sistema fiscal internacional, diseñado hace más de un siglo. Las normas actuales han dejado al descubierto una serie de puntos débiles que generan oportunidades para la erosión de las bases imponibles y el traslado de beneficios (BEPS, por sus siglas en inglés), lo que exige decisiones drásticas y determinación por parte de los responsables políticos con miras a restablecer la confianza en el sistema tributario internacional y asegurarse de que los beneficios tributen allí donde se desarrollen efectivamente las actividades económicas y se genere valor.

En septiembre de 2013, a raíz de la publicación del informe titulado *Lucha contra la erosión de la base imponible y el traslado de beneficios* en febrero de 2013, los países de la OCDE y del G-20 avalaron y adoptaron un Plan de Acción conformado por 15 líneas de actuación o «acciones» para dar respuesta a los problemas BEPS. Dicho Plan de acción y las 15 medidas que lo conforman giran en torno a tres *pilares* fundamentales: dotar de coherencia a las normas de Derecho interno que afectan a las actividades transfronterizas; reforzar el *criterio de actividad sustancial* contemplado por las normas internacionales en vigor y, por último, mejorar la transparencia y la seguridad jurídica.

Desde entonces, todos los países de la OCDE y del G-20 han trabajado de manera conjunta y en condiciones de igualdad, habiendo igualmente manifestado su postura y aportado sus puntos de vista la Comisión Europea a lo largo de todo el proceso atinente al Proyecto BEPS. Los países en desarrollo han participado extensa y activamente a través de diversos y diferentes mecanismos, incluida la participación directa en el Comité de Asuntos Fiscales (CAF). Adicionalmente, organismos fiscales regionales como el Foro Africano de Administración Tributaria (ATAF, por sus siglas en inglés), el Centro de Encuentros y Estudios de Dirigentes de Administraciones Fiscales (CREDAF, por sus siglas en francés) y el Centro Interamericano de Administraciones Tributarias (CIAT) se unieron a organizaciones internacionales tales como el Fondo Monetario Internacional (FMI), el Banco Mundial o Naciones Unidas (ONU) para contribuir a la labor desarrollada. Fruto de la consulta minuciosa a las partes interesadas, el Proyecto BEPS recibió en total más de 1.400 páginas de comentarios procedentes de organizaciones sectoriales y asociaciones empresariales, asesores, organizaciones no gubernamentales (ONG), docentes y otros representantes del sector académico, al igual que también se celebraron 14 consultas públicas retransmitidas en directo a través de la web, junto con la difusión de sesiones en forma de *webcasts,* a través de las cuales la Secretaría de la OCDE informaba periódicamente a los seguidores y respondía a preguntas.

La compleción de los informes correspondientes a las 15 medidas del *Plan de acción BEPS* ha requerido dos años de trabajo. Todos los resultados plasmados en los distintos informes, incluidos los apuntados en los informes provisionales presentados en 2014, han adquirido carácter definitivo y se han unificado dando lugar a un paquete de medidas integral. El Paquete de medidas BEPS representa la primera renovación sustancial de las normas y estándares fiscales internacionales en casi un siglo. Una vez las nuevas medidas comiencen a aplicarse, se espera conseguir que los beneficios se declaren allí donde se desarrollen las actividades económicas que los generan y se crea valor. Todas aquellas estrategias de planificación fiscal con fines claramente elusivos cimentadas sobre normas obsoletas o sustentadas por medidas internas mal coordinadas quedarán sin efecto.

En consecuencia, la implementación resulta clave en esta fase. El paquete de medidas BEPS se diseñó precisamente para ser implementado mediante cambios en la legislación y prácticas nacionales y en aplicación de las disposiciones contempladas en los convenios fiscales, existiendo negociaciones actualmente en curso para desarrollar un instrumento multilateral que se prevé concluyan en 2016. Asimismo, los países de la OCDE y del G-20 han acordado seguir trabajando conjuntamente a fin de garantizar la implementación sistemática y coordinada de las recomendaciones en materia de BEPS. La globalización exige soluciones comunes, así como también es preciso entablar un diálogo a escala mundial que trascienda los países de la OCDE y del G-20. A tal fin, los países de la OCDE y del G-20 diseñarán y propondrán en 2016 un marco inclusivo de seguimiento, contando para ello con la participación de todos los países interesados en condiciones de igualdad.

A priori, una mejor comprensión acerca de la aplicación práctica de las recomendaciones en materia de BEPS podría disipar equívocos y dirimir controversias entre los distintos gobiernos, por lo que un mayor énfasis en temas como la implementación y administración tributaria debería resultar mutuamente beneficioso para administraciones públicas y empresas. Por último, las mejoras propuestas en materia de recopilación y análisis de datos permitirán llevar a cabo una evaluación permanente del impacto en términos cuantitativos no sólo del fenómeno BEPS, sino también de las medidas antielusivas desarrolladas en el marco del Proyecto BEPS.

Índice

Siglas y abreviaturas 7

Resumen ejecutivo 9

Introducción 13

A. Cláusulas convencionales y/o internas para impedir la concesión de los beneficios del convenio en circunstancias inapropiadas 17
  1. Casos en los que una persona intenta eludir las limitaciones previstas en el propio convenio . . . 17
    a) Treaty shopping (captación de convenios) 17
      i) La cláusula de limitación de beneficios (CLB) 20
      ii) Normas dirigidas a estructuras que tienen entre sus propósitos principales la obtención de los beneficios del convenio 57
    b) Otros casos en los que una persona busca eludir requisitos previstos en el convenio 73
      i) Fraccionamiento de contratos 73
      ii) Los casos de arrendamiento de mano de obra 74
      iii) Operaciones que pretenden eludir la calificación de dividendo 74
      iv) Las operaciones de transferencia de dividendos 74
      v) Operaciones que eluden la aplicación del artículo 13(4) 76
      vi) Regla de desempate para determinar la residencia a efectos del convenio de personas distintas de las personas físicas con doble residencia 76
      vii) Norma anti-abuso para los establecimientos permanentes situados en terceros Estados . . . 80
  2. Casos en los que una persona trata de abusar de disposiciones de la legislación tributaria interna utilizando los beneficios del convenio 83
    a) Aplicación de los convenios para restringir la potestad de gravamen de un Estado contratante sobre sus propios residentes 92
    b) Impuestos de salida 95
B. Aclaración de que los convenios tributarios no están concebidos para provocar doble no imposición 97
C. Consideraciones de política fiscal que, en general, los países deberían tener en cuenta antes de suscribir un convenio con otro país 100

Referencias 109

Siglas y abreviaturas

BEPS	Erosión de la base imponible y el traslado de beneficios (*Base erosion and profit shifting*)
CFC	Compañías foráneas controladas
CLB	Cláusula de limitación de beneficios
EP	Establecimiento permanente
FII	Fideicomisos de inversiones inmobiliarias
IIC	Instrumentos de inversión colectiva
OCDE	Organización para la cooperación y el desarrollo económicos
NPP	Norma de propósitos principales
REIT	Fideicomisos de inversiones inmobiliarias (*Real Estate Investment Trust*)
TRACE	Beneficios del Convenio y Mejora del Cumplimiento (*Treaty Relief and Compliance Enhancement Project*)

Resumen ejecutivo

La Acción 6 del Proyecto OCDE/G20 de lucha contra la Erosión de la Base Imponible y el Traslado de Beneficios (BEPS por su siglas en inglés) identifica como una de las principales fuentes de preocupación BEPS el abuso de los convenios tributarios y, en especial, el *treaty shopping* (captación de convenios).

Los contribuyentes que llevan a cabo prácticas de *treaty shopping* u otras estrategias abusivas, al reclamar los beneficios del convenio en situaciones en las que la concesión de dichos beneficios no estaba prevista, privan a los Estados de recaudación tributaria, menoscabando así su soberanía fiscal. Es por ello que los países han acordado incorporar cláusulas anti-abuso en sus convenios tributarios, incluyendo un estándar mínimo para contrarrestar las prácticas de *treaty shopping*. Coinciden igualmente en que resulta necesario admitir cierta flexibilidad en la adopción del estándar mínimo, dado que las disposiciones han de adaptarse a las particularidades de cada país y a las circunstancias que rodean la negociación de los convenios bilaterales.

El Apartado A del presente informe contiene nuevas normas convencionales anti-abuso que ofrecen protección frente al abuso de las disposiciones del convenio, concediendo al mismo tiempo un cierto grado de flexibilidad sobre la forma de hacerlo.

Estas nuevas normas hacen frente, en primer lugar, al *treaty shopping*, es decir, aquellas estrategias a través de las cuales una persona no residente de un Estado trata de obtener los beneficios que un convenio suscrito por dicho Estado concede a sus residentes, por ejemplo, constituyendo una sociedad pantalla —*letterbox company*— en dicho Estado. Se recomienda seguir el siguiente proceder a la hora de hacer frente a dichas estrategias:

- Primero, la incorporación al convenio de una declaración clara de que los Estados que concluyen convenios pretender evitar la generación de oportunidades para la no imposición o la imposición reducida a través de la elusión, la evasión fiscal o las prácticas *treaty shopping* (el Apartado B del informe recoge esta recomendación).
- Segundo, la integración en el Modelo de Convenio Tributario de la OCDE de una norma anti-abuso específica, la cláusula de limitación de beneficios (en adelante "CLB"), encargada de reservar la concesión de los beneficios del convenio a aquellas entidades que reúnan ciertas condiciones. Dichas condiciones, basadas en la naturaleza jurídica de la entidad, sus propietarios y sus actividades generales, buscan garantizar una vinculación suficiente entre la entidad y su Estado de residencia. Hoy en día es posible encontrar este tipo de cláusulas en los convenios suscritos por algunos países, habiendo demostrado ya su eficacia a la hora de impedir muchas de las estrategias de *treaty shopping*.
- Tercero, la inclusión en el Modelo de Convenio Tributario de la OCDE de una norma anti-abuso más general basada en los propósitos principales de una operación o acuerdo (la norma de propósitos principales, en adelante "NPP") para así combatir otras formas de abuso de convenios, incluyendo aquellos casos de

treaty shopping que no quedarían cubiertos por la CLB descrita arriba. De acuerdo con esta norma, si uno de los propósitos principales de una operación o acuerdo es la obtención de los beneficios del convenio, no cabrá conceder tales beneficios a menos que se establezca que su concesión sería conforme con el objeto y fin de las disposiciones del convenio.

El informe admite que tanto la CLB como la NPP presentan ventajas e inconvenientes, y que pueden no ser apropiadas o compatibles con la política en materia de convenios de todos los países. Igualmente, es posible que la legislación interna de algunos países ya disponga de normas que hagan innecesaria la combinación de estas dos normas para impedir el *treaty shopping.*

Puesto que el *treaty shopping* conlleva un riesgo para la recaudación de los países, éstos se han comprometido a implantar un nivel mínimo de protección frente al *treaty shopping* (el “estándar mínimo”). Dicho compromiso exigirá que los países incluyan en sus convenios una declaración expresa que manifieste su intención común de eliminar la doble imposición sin que ello conlleve la creación de oportunidades para la no imposición o la imposición reducida a través de la elusión, la evasión fiscal o las estrategias *treaty shopping.* Los países pondrán en práctica dicho compromiso en sus convenios de alguna de las siguientes maneras: (i) la combinación de la CLB y la NPP, (ii) únicamente la NPP o (iii) la CLB complementada por un mecanismo que haría frente a las estrategias de financiación a través de sociedades instrumentales que todavía no han sido abordadas por los convenios.

El Apartado A recoge nuevas normas nuevas convencionales que tienen como objetivo plantar cara a formas específicas de abuso de convenios. Estas normas selectivas abordan (1) ciertas transacciones de transferencia de dividendos que buscan reducir artificialmente la retención; (2) operaciones que eluden la aplicación de la norma del convenio que permite el gravamen en fuente de las ganancias de capital resultantes de la enajenación de acciones que derivan su valor principalmente de propiedad inmobiliaria; (3) situaciones en las que la entidad es residente de los dos Estados contratantes, y (4) situaciones en las que el Estado de residencia deja exentas de tributación las rentas obtenidas por establecimientos permanentes situados en terceros Estados y en las que se transfieren acciones, créditos, derechos o propiedades a establecimientos permanentes situados en Estados que, o bien no gravan dichas rentas o bien le reservan un tratamiento preferencial.

El informe reconoce que la incorporación de estas normas anti-abuso en los convenios tributarios no será suficiente para hacer frente a los estrategias de elusión fiscal que busquen eludir disposiciones internas; serán las normas anti-abuso internas, incluyendo aquéllas que resulten del trabajo en otras partes del Plan de Acción, las que deberán abordar dichas estrategias. Los cambios al Modelo de Convenio Tributario de la OCDE propuestos en este informe pretenden evitar que los convenios se conviertan involuntariamente en obstáculos para la aplicación de dichas normas anti-abuso internas. Para lograr esto, se propone detallar aquellas partes de los Comentarios al Modelo de Convenio Tributario de la OCDE que se ocupan de esto, explicando que la inclusión de la NPP en los convenios, que recoge un principio ya presente en los Comentarios al Modelo OCDE, constituye una manifestación clara de que los Estados contratantes pretenden denegar la aplicación de las disposiciones de sus convenios cuando se lleven a cabo operaciones o acuerdos que persigan los beneficios de dichas disposiciones en circunstancias inapropiadas.

El informe también trata dos problemas concretos que se derivan de la interacción entre los convenios y las normas internas anti-abuso. El primer problema es la restricción de la potestad de gravamen de un Estado contratante sobre sus propios residentes como resultado de aplicar los convenios. Una nueva norma codificará el principio de que los convenios no restringen el derecho de un Estado a gravar a sus propios residentes (salvo excepciones). El segundo problema se refiere a los denominados "impuestos de salida" —*exit taxes*—, que permiten a los Estados gravar las rentas o plusvalías latentes no realizadas de personas físicas o jurídicas que residen en su Estado en el momento en que éstas dejan de hacerlo. Los cambios en los Comentarios al Modelo de Convenio Tributario de la OCDE aclararán que los convenios no constituyen un obstáculo para la aplicación de este tipo de impuestos.

El Apartado B del presente informe se ocupa de proporcionar una aclaración, tal y como demandaba la Acción 6, al principio general de que "los convenios tributarios no están concebidos para provocar doble no imposición". Dicha aclaración se realizará reformulando el título y el preámbulo del Modelo de Convenio Tributario de la OCDE, de manera que se ponga de manifiesto de forma clara la intención común de las partes de que el convenio tenga la función de eliminar la doble imposición sin que ello conlleve la generación de oportunidades para la elusión, la evasión fiscal o las prácticas de *treaty shopping.*

El Apartado C del informe pretende dar respuesta al mandato de la Acción 6 para la identificación de "las consideraciones de política fiscal que, en general, los países deben tener en cuenta antes de suscribir un convenio con otro país". Las consideraciones expuestas en dicho apartado pretenden servir de ayuda a los países a la hora de explicar su decisión de no suscribir convenios con ciertas jurisdicciones de baja o nula tributación. Estas consideraciones también serán de utilidad para aquellos países que tengan que valorar la conveniencia de modificar (o, eventualmente, terminar) un convenio vigente en el caso de que sobrevenga un cambio de circunstancias (por ejemplo un cambio en la legislación interna del otro Estado contratante) que suscite preocupaciones BEPS en torno a dicho convenio.

La versión final del informe reemplaza a la versión provisional publicada en septiembre de 2014. De hecho, se han introducido una serie de cambios a las normas propuestas en el informe previo de 2014. No obstante, tal y como se indicaba al inicio de este documento, será necesario acometer un trabajo adicional para poder tener en cuenta las propuestas de cambio, recientemente publicadas por Estados Unidos, sobre su cláusula de limitación de beneficios y demás disposiciones similares a las cubiertas por este informe. Como se espera que Estados Unidos no termine su nuevo modelo de convenio hasta finales de 2015, la revisión de las normas del presente informe tendrá que esperar al primer semestre de 2016. Asimismo, se continuará estudiando después de septiembre de 2015 el acceso al convenio por parte de ciertos tipos de fondos de inversión.

Las normas anti-abuso recogidas en este informe se encuentran entre los cambios que se propondrá incluir en el instrumento multilateral dirigido a implementar los resultados de los trabajos del proyecto BEPS que afectan a los convenios tributarios.

Introducción

1. A petición del G20, la OCDE publicó su *Plan de Acción contra la erosión de la base imponible y el traslado de beneficios* (Plan de Acción BEPS, OCDE, 2013). El Plan de Acción incluye 15 acciones para hacer frente a BEPS de manera integral, señalando plazos de implementación para dichas acciones.

2. El Plan de Acción BEPS identifica el abuso de los convenios, en particular el *treaty shopping* (captación de convenios), como una de las principales fuentes de problemas BEPS. La Acción 6 (prevención del abuso de los convenios) describe el trabajo a seguir en esta área. El apartado correspondiente del Plan de Acción señala lo siguiente:

> **Las actuales normas fiscales nacionales e internacionales deben ser modificadas con el fin de alinear más estrechamente la atribución de los ingresos con la actividad económica que los genera:**
>
> *El abuso de convenio es una de las fuentes de preocupación sobre la BEPS más importante.* El comentario sobre el artículo 1 del Modelo de Convenio Tributario de la OCDE ya incluye una serie de ejemplos de disposiciones que podrían utilizarse para abordar situaciones de "treaty-shopping" (búsqueda del tratado más favorable), así como otros casos de abuso de convenio que pueden dar lugar a una doble exención. Disponer de cláusulas estrictas contra el abuso de convenios, junto con el ejercicio de la potestad tributaria bajo las leyes internas, son elementos que contribuirían a restaurar la imposición en la fuente en un número de casos.
>
> ***Acción 6 – Impedir la utilización abusiva de convenio***
>
> *Desarrollar disposiciones convencionales y recomendaciones relativas al diseño de normas internas que impidan la concesión de los beneficios del convenio en circunstancias inapropiadas. Se realizarán también trabajos para clarificar que los convenios fiscales no se destinan a ser empleados para generar doble no imposición e identificar las consideraciones de política fiscal que, en general, los países deben tener en cuenta antes de decidirse a entrar en un convenio tributario con otro país. El trabajo se coordinará con el trabajo sobre híbridos.*

3. Este informe es el resultado del trabajo llevado a cabo en las tres áreas identificadas por la Acción 6:

A. Desarrollar disposiciones modelo para el convenio, así como recomendaciones relativas al diseño de normas internas para impedir la concesión de los beneficios del convenio en circunstancias inapropiadas.

B. Aclarar que los convenios no están concebidos para provocar doble no imposición.

C. Identificar las consideraciones de política fiscal que, en general, los países deben tener en cuenta antes de suscribir un convenio con otro país.

4. Las conclusiones derivadas de los trabajos en estas tres áreas se corresponden respectivamente con los apartados A, B y C de este informe. Dichas conclusiones se presentan

en forma de cambios al Modelo de Convenio Tributario de la OCDE (los cambios propuestos al actual texto del Modelo de Convenio aparecen en ***negrita y cursiva*** para las adiciones y ~~tachados~~ para las supresiones)

5. Estos cambios reflejan el acuerdo alcanzado sobre la necesidad de modificar el Modelo OCDE para incluir un nivel mínimo de protección frente al abuso del convenio, incluyendo el *treaty shopping*, tal y como se detalla en el Resumen Ejecutivo y en el párrafo 22 a continuación, teniendo en cuenta que este nivel mínimo de protección resulta esencial para hacer frente a BEPS de manera eficaz.

6. A la hora de valorar las disposiciones modelo que este informe propone incluir en los convenios, es importante tener en cuenta que estas disposiciones modelo necesitan adaptarse a las particularidades de cada Estado y a las circunstancias que rodean la negociación de los convenios bilaterales. Por ejemplo:

- Es posible que algunos países se vean limitados por sus Constituciones o por el ordenamiento comunitario de manera tal que no les sería posible adoptar, al menos en sus términos exactos, las disposiciones modelo recomendadas en este informe.
- Algunos países pueden disponer ya de normas internas anti-abuso capaces de prevenir con eficacia algunos de los abusos de convenios descritos en este informe y por tanto es posible que no necesiten algunas de las normas propuestas en este informe, siempre y cuando sus normas sean conformes con los principios señalados en este informe (especialmente en el Apartado A.2) y proporcionen la protección mínima requerida en el párrafo 22.
- De la misma manera, los tribunales de algunos países han desarrollado líneas jurisprudenciales (por ejemplo, sustancia económica, sustancia sobre la forma) que abordan con eficacia diversas formas de abuso a las normas internas o los convenios, por lo que dichos países pueden no necesitar la norma general anti-abuso prevista en el Subapartado A.1(a) (ii), prefiriendo quizás adoptar una forma más restringida de dicha norma.
- La menor capacidad administrativa de las administraciones tributarias de algunos países puede impedirles aplicar ciertas normas detalladas del convenio, haciendo necesario que opten por normas anti-abuso más generales.

Por todas estas razones, algunas de las disposiciones modelo incluidas en este informe presentan distintas alternativas, ofreciendo así cierto grado de flexibilidad. Sin embargo, sí se ha acordado que todas las alternativas deben aspirar a alcanzar un objetivo común: asegurar que los Estados incorporen en sus convenios suficientes garantías para prevenir el abuso de los convenios, en particular el *treaty shopping*. Por esa razón, el informe recomienda la implementación de un nivel mínimo de protección (véase el párrafo 22 más abajo).

Trabajo adicional que queda por completar

7. Es preciso realizar un trabajo adicional sobre determinadas cuestiones relacionadas con el contenido del presente informe.

8. En primer lugar, a finales de mayo de 2015 Estados Unidos publicó una nueva versión de su cláusula de limitación de beneficios y de otra serie de disposiciones del modelo de convenio estadounidense similares a las incluidas en este informe, solicitando el envío de comentarios antes del 15 de septiembre de 2015.[1] Mientras se debatían dichas disposiciones, se acordó reexaminar las recogidas en este informe una vez Estados Unidos hubiera concretado las suyas a la luz de los comentarios recibidos. Por esta razón, será necesario revisar más adelante las partes del informe relativas a la CLB, sus Comentarios y aquellas otras disposiciones similares

a las publicadas por Estados Unidos en mayo de 2015. El trabajo sobre estas disposiciones y sus Comentarios correspondientes concluirá en el primer semestre de 2016, permitiendo así que pueda ser considerado en el marco de la negociación del instrumento multilateral, que está llamado a implementar las medidas del Plan de Acción BEPS que afectan a los convenios.

9. En segundo lugar, el párrafo 5 de la versión previa de este informe señalaba la necesidad de seguir estudiando las consideraciones políticas relativas al acceso al convenio por parte de los instrumentos de inversión colectiva (IIC) y de otros fondos. A partir del trabajo de seguimiento realizado sobre estas cuestiones y de los comentarios recibidos de las partes interesadas, se llegó a la conclusión de que existía un apoyo generalizado a las conclusiones del informe de la OCDE de 2010 "*La concesión de beneficios del convenio en relación con las rentas procedentes de instrumentos de inversión colectiva*" (*The Granting of Treaty Benefits with Respect to the Income of Collective Investment Vehicles*) y que, en la medida en que el subapartado 2 f) de la CLB incluido en el informe trataba esta cuestión de manera coherente con las conclusiones del informe de IIC de 2010, no era necesario introducir cambios adicionales en el informe de la Acción 6, aunque se acordó que la adopción de las recomendaciones derivadas del proyecto TRACE (Beneficios del Convenio y Mejora del Cumplimiento, "*Treaty Relief and Compliance Enhancement Project*") resultaba importante para la puesta en práctica de dichas conclusiones.

10. No se alcanzó la misma conclusión, sin embargo, acerca del acceso al convenio por parte de los fondos distintos de los IIC, de tal modo que será necesario seguir trabajando en este ámbito.

11. Dicho trabajo deberá, en primer lugar, confirmar la vigencia de las conclusiones del informe de la OCDE de 2008 "Cuestiones tributarias relacionadas con los fideicomisos de inversiones inmobiliarias" (*Tax Treaty Issues Related to REITs*) que cubre el acceso al convenio por parte de los fideicomisos de inversiones inmobiliarias (FII) —*Real Estate Investment Trusts*. Esto se debe a que, mientras que las conclusiones del informe de IIC de 2010 fueron refrendadas, no se ha hecho lo propio con el informe de 2008 sobre los FII. Por ello, se acordó introducir el siguiente cambio en la versión final del Comentario sobre la CLB que se producirá en 2016:

> *Añadir la siguiente nota al pie a la primera parte del párrafo 31 del Comentario al subapartado 2 f) de la CLB incluida en el párrafo 16 del Informe sobre la Acción 6 (la adición aparece en* ***negrita y cursiva****):*
>
> 31. Como se indicaba en la nota al pie al subapartado *f)*, la conveniencia o no de incluir una norma específica sobre los instrumentos de inversión colectiva (IIC) en el apartado 2 y, llegado el caso, el diseño de dicha norma, dependerá del tratamiento que tanto el convenio como los Estados contratantes confieran a los IIC. [1] ***Aunque no será necesaria dicha norma respecto de una entidad que, en todo caso, constituya una "persona calificada" en virtud de otras disposiciones del apartado 2,*** generalmente será necesaria una norma específica dado que un IIC puede no ~~ser una persona calificada~~ ***tener acceso a los beneficios del convenio*** de acuerdo con las disposiciones del apartado 2 o ***del apartado*** 3, ya que, en muchos casos…
>
> [*Nota al pie 1*] ***Véanse también los párrafos 67.1 a 67.7 del Comentario al artículo 10, así como el informe "Cuestiones tributarias relacionadas con los Fideicomisos de Inversiones Inmobiliarias" (Tax Treaty Issues Related to REITS) que cubre el acceso a los convenios de estas entidades. En lo concerniente a la aplicación de la definición de "residente de un Estado contratante" a un fideicomiso de inversiones inmobiliarias, véanse los párrafos 8-9 del citado informe.***

12. Este trabajo adicional también garantizará que un fondo de pensiones sea considerado residente del Estado en el que se haya constituido independientemente de que el fondo se beneficie de una exención fiscal plena o limitada en dicho Estado. Esto será posible gracias a los cambios que se prevé introducir en el Modelo de Convenio Tributario de la OCDE en el primer semestre de 2016. Estos cambios garantizarán este resultado respecto de los fondos que merezcan la calificación de "fondo de pensiones reconocido", una categoría que probablemente conste de los siguientes elementos:

- la definición se referirá a las entidades o estructuras constituidas en un Estado dedicadas exclusiva o casi exclusivamente a gestionar y ofrecer pensiones de jubilación o beneficios de similar naturaleza a personas físicas;
- las entidades o estructuras a las que sea de aplicación la definición deberán ser tratadas como personas jurídicas separadas por parte del ordenamiento tributario de su Estado;
- para abarcar únicamente a aquellos fondos que el ordenamiento tributario reconozca como fondos de pensiones, estas entidades deberán estar reguladas como fondos de pensiones en el Estado en el que están constituidas;
- la definición también deberá cubrir a las entidades y estructuras dedicadas exclusiva o casi exclusivamente a invertir fondos para el beneficio de entidades o estructuras que cumplen los requisitos para ser consideradas "fondos de pensiones reconocidos"

13. La definición deberá venir acompañada por un Comentario detallado que explicará algunos de estos requisitos, en particular el referido a que un fondo de pensiones "debe estar regulado como tal". La consulta a las partes interesadas resultará esencial para garantizar que tanto la definición como su Comentario abarquen las principales formas de fondos pensiones que hoy en día existen.

14. En lo que respecta al acceso al convenio por parte de los fondos distintos de los IIC, la OCDE reconoce la importancia económica de estos fondos, así como la necesidad de asegurar que puedan acceder a los beneficios del convenio cuando resulte apropiado. La nueva disposición del convenio en materia de entidades transparentes recogida en la segunda parte del Informe sobre la Acción 2 (*Neutralizar los efectos de los mecanismos híbridos*, OCDE, 2015a) beneficiará a aquellos fondos (distintos de los IIC) que utilicen entidades tratadas como transparentes a efectos fiscales por uno o ambos Estados contratantes, ya que la renta que se obtenga a través dichas entidades, que quedará gravada en las manos de quienes invierten en dichas entidades, generalmente podrá acceder al convenio a través de los inversores, aunque éstos residan en terceros Estados. Además, es probable que la CLB (que se ultimará durante el primer semestre de 2016) incorpore una disposición de beneficio derivado, que daría respuesta a algunas de las preocupaciones surgidas en relación con el acceso al convenio por parte de fondos distintos de los IIC que cuentan con inversores no residentes. A pesar de ello, será necesario proseguir el estudio de estas cuestiones con el ánimo de asegurar que las nuevas disposiciones del convenio ofrezcan una respuesta adecuada al problema del acceso al convenio por parte de este tipo de fondos. Por otra parte, se espera que estos trabajos también sean capaces de responder ante dos problemas generales a los que se enfrentan los gobiernos en relación con el acceso a los beneficios del convenio por parte de los fondos distintos de los IIC: en primer lugar, la utilización de este tipo de fondos para posibilitar el acceso a los beneficios del convenio por parte de inversores que, de otra manera, no tendrían acceso a los mismos; y en segundo lugar, el posible diferimiento que puedan hacer los inversores del reconocimiento de la renta sobre la cual se conceden los beneficios. Este trabajo, que se verá enriquecido por las consultas con las partes interesadas, quedará completado a lo largo del primer semestre de 2016 para que pueda ser considerado durante la negociación del instrumento multilateral.

A. Cláusulas convencionales y/o internas para impedir la concesión de los beneficios del convenio en circunstancias inapropiadas

15. Tras analizar cuál sería la mejor forma de impedir la concesión de beneficios del convenio en circunstancias inapropiadas, se consideró apropiado diferenciar entre dos tipos de escenarios:

1. Casos en los que una persona trata de eludir las limitaciones previstas en el propio convenio.
2. Casos en los que una persona trata de eludir la aplicación de normas tributarias internas utilizando los beneficios del convenio.

16. Resulta poco probable que las normas anti-abuso internas sean capaces de hacer frente a los supuestos del primer escenario, donde la norma que se pretende eludir pertenece al convenio. Aunque, llegado el caso, la aplicación de una norma general anti-abuso interna pueda provocar la denegación de los beneficios del convenio en estos casos, la solución más directa consistiría en diseñar normas anti-abuso para el propio convenio. En cambio, en lo que respecta al segundo escenario mencionado, la situación sería contraria: puesto que la norma que se busca eludir es interna, la solución vendría de la mano de normas anti-abuso internas y no únicamente convencionales, lo que nos conduce al debate sobre la interacción entre los convenios tributarios y las normas internas.

1. Casos en los que una persona intenta eludir las limitaciones previstas en el propio convenio

a) Treaty shopping (captación de convenios)

17. El primero de los requisitos que ha de cumplir una persona para acceder a los beneficios previstos en un convenios tributario suscrito entre dos Estados contratantes es "ser residente de un Estado contratante" de acuerdo con el artículo 4 del Modelo de Convenio Tributario de la OCDE. No obstante, una persona no residente puede tratar de obtener dichos beneficios a través de diversas estrategias. Este tipo de estrategias reciben generalmente el nombre de "*treaty shopping*" (captación de convenios) y suelen referirse a aquellos casos en los que un residente un tercer Estado busca acceder a los beneficios previstos en un convenio suscrito por dos Estados contratantes[2].

18. La OCDE ya ha analizado el problema del *treaty shopping* en diferentes contextos:

- El concepto de "beneficiario efectivo" fue incluido en el Modelo de Convenio Tributario de 1977 con el objeto de combatir una sencilla práctica de *treaty shopping*, consistente en pagar la renta a un intermediario residente de un Estado contratante que no puede considerarse el beneficiario de la misma (por ejemplo, un agente o mandatario). Por entonces, se decidió incorporar un pequeño apartado sobre "uso indebido de los convenios" (que recogía dos ejemplos de *treaty shopping*) en los Comentarios al artículo 1. El Comité manifestó que pretendía "hacer un estudio detallado de estos problemas y de otras formas de combatirlos"

- Dicho estudio condujo a la publicación de los informes de 1986 sobre "Convenios de doble imposición y utilización de sociedades controladas" (*Double Taxation Conventions and the Use of Base companies*)[3] y "Convenios de doble imposición y utilización de sociedades instrumentales" *(Double Taxation Conventions and the Use of Conduit Companies*), de los cuales el segundo trataba la cuestión del *treaty shopping.*
- En 1992, como consecuencia del informe "Convenios de doble imposición y utilización de_sociedades instrumentales" (*Double Taxation Conventions and the Use of Conduit Companies*), se agregaron al apartado de "uso indebido del convenio" de los Comentarios al artículo 1 una serie de disposiciones que permitían ilustrar diferentes aspectos del *treaty shopping.* Estas disposiciones alternativas se encuentran hoy en los párrafos 13 a 19 del Comentario al artículo 1 bajo el encabezado "Casos de utilización de sociedades instrumentales".
- En 2003, tras la publicación del informe "Restringiendo el acceso a los beneficios del convenio" (*Restricting the Entitlement to Treaty Benefits*)[4], que se preparó como documento de seguimiento a partir del informe de 1998 "Competencia fiscal perniciosa: un problema global emergente" *(Harmful Tax Competition: an Emerging Global Issue*)[5], se añadieron nuevos párrafos a los Comentarios a los artículos 10, 11 y 12 con el ánimo de clarificar el significado del concepto de "beneficiario efectivo" en determinadas situaciones en las que intervenían sociedades instrumentales. Por otra parte, se amplió el apartado sobre "uso indebido del convenio" con ejemplos adicionales de normas anti-abuso, incluyendo una cláusula de limitación de beneficios que se inspiraba en la recogida en el Modelo de Convenio de Estados Unidos de 1996[6], así como una norma anti-abuso basada en el propósito que se tomaba de la práctica británica y resultaba aplicable en el contexto de los artículos 10, 11, 12 y 21[7].
- Por último, la continuación de los trabajos sobre el concepto de "beneficiario efectivo" trajo como resultado los cambios en los Comentarios a los artículos 10, 11 y 12 que se introdujeron en la actualización del Modelo de Convenio de 2014, cambios que exploraban los límites en la utilización de dicho concepto como herramienta para hacer frente a diferentes situaciones de *treaty shopping.* Como señalaba el párrafo 12.5 del Comentario al artículo 10, "el concepto de beneficiario efectivo cubre ciertos casos de elusión fiscal (por ejemplo, aquellos en los que se interpone a una persona que recibe el dividendo y queda obligada a pasarlo a otra persona), sin embargo no cubre otros supuestos de *treaty shopping*, de modo que no puede convertirse en un obstáculo para la aplicación de otras medidas que sí lo hacen".

19. Un análisis de la práctica convencional demuestra que los países (miembros y no miembros de la OCDE) emplean diferentes estrategias para hacer frente a los casos de *treaty shopping* que hoy en día no quedan cubiertos por las disposiciones actuales del Modelo de Convenio. Tras valorar los pros y contras de dichas estrategias, se recomienda seguir el siguiente proceso de tres fases a la hora de abordar los supuestos de *treaty shopping*:

- En primer lugar, introducir en los convenios una declaración clara de que los Estados contratantes, a la hora de suscribir un convenio, desean impedir la elusión fiscal y evitar la generación de oportunidades de *treaty shopping* (véase el Apartado B de este informe)

- En segundo lugar, se introducirá en el Modelo OCDE una cláusula de limitación de beneficios (en adelante "CLB") inspirada en la que ya tienen Estados Unidos y algunos otros países. Dicha cláusula cubrirá un gran número de prácticas de *treaty shopping* teniendo en cuenta la naturaleza jurídica del residente de un Estado contratante, sus propietarios y sus actividades generales (véase el Subapartado A.1(a)(i))
- En tercer lugar, el nuevo Modelo OCDE recogerá una norma anti-abuso más general, basada en los propósitos principales de las operaciones o acuerdos (también denominada norma de propósitos principales, en adelante "NPP"), que abarcará otras formas de abuso de convenios más allá de las cubiertas por la CLB descrita en el guión previo (como por ejemplo ciertas estrategias de financiación a través de sociedades instrumentales). Dicha norma codifica principios que ya están presentes en los párrafos 9.5, 22, 22.1 y 22.2 del Comentario al artículo 1, y que indican que los beneficios del convenio no deberían concederse cuando uno de los propósitos principales de una operación o acuerdo es la obtención de un beneficio del convenio, y conseguir ese tratamiento fiscal más favorable en dichas circunstancias resulta contrario al objeto y fin de las disposiciones en cuestión del convenio (véase el Subapartado A.1(a) (ii)).

20. La necesidad de combinar la CLB y la NPP, arriba descritas, se debe a que ambas normas tienen sus ventajas y sus limitaciones. Por ejemplo, algunas de las disposiciones de la CLB se basan en criterios objetivos, proporcionando una seguridad jurídica mayor a la que la puede ofrecer la NPP que, por el contrario, supone realizar un análisis caso por caso a fin de valorar qué podemos entender como uno de los principales propósitos de una operación o acuerdo. Por esta razón, la CLB resulta útil a la hora de abordar casos de *treaty shopping* que puedan identificarse a partir de la naturaleza jurídica de la entidad, sus propietarios y sus actividades generales. Sin embargo, dicha cláusula no permite abordar otras formas de abuso de convenios, como tampoco cubre ciertas formas de *treaty shopping* como las estrategias de financiación a través de sociedades instrumentales mediante las cuales una persona sin posibilidades de acceder a los beneficios de un convenio utiliza como intermediario a un residente de uno de los Estados contratantes del convenio que por el contrario sí puede acceder a ellos.

21. Sin embargo, la combinación de la CLB y la NPP puede no ser adecuada o necesaria para todos los países. Por ejemplo, tal y como advertía el párrafo 6, algunos países pueden contar ya con normas anti-abuso internas o con doctrinas jurisprudenciales (doctrinas como la sustancia económica y la sustancia sobre la forma) capaces de contrarrestar diversas formas de abuso de convenios o de normas internas, de manera que es posible que dichos países no necesiten la norma anti-abuso convencional prevista en el Subapartado A.1 (a) (ii), o prefieran una versión más restringida de la misma. Por otra parte, se reconoce igualmente que la CLB puede necesitar una adaptación para reflejar ciertas decisiones de política fiscal de los Estados contratantes (como el tratamiento de los instrumentos de inversión colectiva) o ciertas restricciones normativas (por ejemplo las que puedan imponer las respectivas Constituciones o el ordenamiento comunitario).

22. Cada país tiene libertad para optar por la vía que desee, siempre y cuando logre ser capaz de contrarrestar los diferentes tipos de abuso de convenio expuestos en este informe. Como mínimo, los países deberían incluir en sus convenios tributarios una declaración expresa de que su intención común es eliminar la doble imposición sin que ello conlleve la generación de oportunidades para la no imposición o la imposición reducida a través de la elusión, la evasión fiscal o las estrategias *treaty shopping* (véase el Apartado B). Dicha

intención común debería traducirse en el seguimiento del proceso de tres fases descrito en el párrafo 19 (sujeto a las adaptaciones necesarias a las que hacía referencia el párrafo 6), o bien a través de la inclusión en los convenios de la NPP o de la CLB complementada con otro mecanismo (como una versión restringida de la NPP que se dirija a las estrategias de canalización de rentas a través de sociedades instrumentales, o bien normas anti-abuso internas o líneas jurisprudenciales que desplieguen ese mismo efecto) para contrarrestar aquellas estrategias de canalización de rentas a través de sociedades instrumentales que hoy en día no quedan cubiertos por los convenios.

23. Los países se han comprometido a incorporar en sus convenios bilaterales las medidas que integran el "estándar mínimo" descrito en el párrafo previo en el caso de que así se lo pidan otros países que hayan manifestado ese mismo compromiso. Aunque los Estados contratantes deban acordar la manera en que se adoptará dicho estándar mínimo en cada convenio bilateral, este compromiso se aplica tanto a los convenios hoy vigentes como a los futuros. Este compromiso no implica que deban celebrarse nuevos convenios o modificarse los hoy vigentes dentro de un periodo limitado de tiempo, dado que ello va a depender del equilibrio general de las disposiciones de un convenio. Además, si a un país no le preocupa el efecto que las estrategias de *treaty shopping* puedan provocar en el ejercicio de su potestad tributaria como Estado de la fuente, desde luego no estará obligado a aplicar disposiciones como la CLB o la NPP en la medida en que sí admita la incorporación de estas cláusulas en sus convenios para que el otro Estado contratante pueda hacer uso de ellas. El instrumento multilateral que se negociará con motivo de la Acción 15 del Plan de Acción BEPS posibilitará la adopción rápida y eficaz de este estándar mínimo. No obstante el instrumento puede no ser suficiente para garantizar una implementación efectiva del estándar, pues la participación en el instrumento multilateral no es obligada y dos países con convenio en vigor pueden tener una opinión dispar sobre la forma de cumplir con el estándar. Por esta razón, será necesario hacer un seguimiento sobre su implementación en la práctica.

24. Este informe también recoge otros cambios que pueden ser de ayuda a la hora de impedir el *treaty shopping*. Por ejemplo, las nuevas normas especiales anti-abuso convencionales incluidas en el Subapartado A.1 (b) harán frente a formas específicas de *treaty shopping*, como la utilización de establecimientos permanentes en jurisdicciones de baja tributación para aprovecharse del método de exención de uno de los Estados contratantes. Por su parte, el Apartado C, encargado de exponer las distintas consideraciones de política fiscal que los Estados han de tener en cuenta antes de suscribir un convenio con otro Estado, también puede contribuir a reducir las oportunidades de *treaty shopping*. Por último, el proceso de tres fases descrito en el párrafo 19 no sólo cubre casos de *treaty shopping* sino que también permite impedir la concesión de los beneficios del convenio en otras circunstancias inadecuadas, como muestra la norma general anti-abuso a la que se refiere el final de dicho párrafo.

i) La cláusula de limitación de beneficios (CLB)

25. Como se anunciaba en el párrafo 19, el nuevo Modelo de Convenio incluirá una CLB, es decir, una norma anti-abuso específicamente destinada a contrarrestar el *treaty shopping*. La cláusula propuesta se inspira en otras similares que pueden encontrarse en convenios hoy vigentes, principalmente aquellos concluidos por Estados Unidos, pero también algunos otros de Japón e India. Tanto en las disposiciones de la CLB que a continuación se exponen como en sus Comentarios correspondientes es posible apreciar algunos cambios respecto de la primera versión recogida en el informe de septiembre de 2014, cambios que responden a los trabajos que se llevaron a cabo con posterioridad a dicha fecha, como la versión simplificada de la cláusula publicada en mayo de 2015.

No obstante, a finales de mayo de 2015, Estados Unidos lanzó una nueva versión de la cláusula de limitación de beneficios de su modelo de convenio[8], abriendo un plazo hasta el 15 de septiembre de 2015 para que las partes interesadas pudieran enviar sus comentarios. Cuando dicha versión se encontraba todavía en debate, se convino revisar esta CLB a la vista de la versión final de la cláusula estadounidense que resultara de valorar los comentarios recibidos. Por esta razón, las disposiciones de la CLB abajo señaladas precisarán de una revisión futura. Por otra parte, será necesario proseguir los trabajos sobre la versión simplificada de la CLB y redactar su Comentario correspondiente. Estos trabajos concluirán durante el primer semestre de 2016 para poder ser tenidos en cuenta en la negociación del instrumento multilateral dirigido a implementar las medidas en materia de convenios que resulten del Plan de Acción BEPS. Así pues, la versión de la CLB aquí expuesta debe ser considerada como un borrador sujeto a cambios:

ARTÍCULO X

ACCESO A LOS BENEFICIOS[9]

[1.[10] [Disposición que denegaría los beneficios del convenio a un residente de un Estado contratante que no sea una "persona calificada" de acuerdo con el apartado 2]

2. [Definición de las situaciones en que un residente de un Estado contratante sería una "persona calificada", que incluiría

a) Una persona física;

b) Un Estado contratante, sus subdivisiones políticas y entidades de su propiedad;

c) Ciertas entidades que cotizan en bolsa y sus filiales

d) Ciertas entidades sin ánimo de lucro o fondos de pensiones

e) Otras entidades que cumplan determinados requisitos de propiedad

f) Ciertos instrumentos de inversión colectiva]

3. [Disposición que otorgaría los beneficios del convenio respecto de ciertas rentas obtenidas por una persona que no constituya una persona calificada siempre y cuando dicha persona ejerza activamente una actividad económica en su Estado de residencia y la renta en cuestión se obtenga en relación con esa actividad o sea incidental a la misma]

4. [Disposición que otorgaría los beneficios del convenio a una persona que no constituya una persona calificada siempre y cuando la entidad se encuentre participada al menos en un porcentaje determinado por personas que puedan acogerse a beneficios equivalentes]

5. [Disposición que permitiría a la autoridad competente de un Estado contratante conceder los beneficios del convenio a una persona a la que, de otra manera, se le denegarían de acuerdo con los apartados 1 a 4]

6. [Definiciones aplicables a efectos de los apartados 1 a 5]

Añadir el siguiente nuevo Comentario al artículo [X] a los Comentarios al Modelo de Convenio Tributario OCDE

[COMENTARIO AL ARTÍCULO [X] RELATIVO AL ACCESO A LOS BENEFICIOS DEL CONVENIO

Consideraciones preliminares

1. Como explicaba la nota al pie al artículo, el artículo [X] refleja la intención de los Estados contratantes de eliminar la doble imposición sin que ello conlleve la generación de oportunidades para la no imposición o la imposición reducida a través de la elusión o evasión fiscal, incluyendo las estrategias de treaty shopping (captación de convenios). La redacción de este artículo variará en función de cómo los Estados contratantes decidan hacerlo. Existen diferentes alternativas: es posible que los Estados deseen adoptar únicamente la norma general anti-abuso del apartado 7 de este artículo, también es posible que opten por la versión detallada de los apartados 1 a 6 descritos a continuación, que complementarían con un mecanismo para contrarrestar ciertas estrategias de canalización de rentas a través de sociedades instrumentales, o bien podrían incluir en sus convenios la norma general anti-abuso del apartado 7 junto con alguna de las variaciones de los apartados 1 a 6 que se describen a continuación.

2. Es posible que un Estado prefiera la última de las alternativas arriba mencionadas, pues combina la flexibilidad de una norma general capaz de hacer frente a un amplio número de operaciones abusivas con la certeza de una norma más "automática" capaz de impedir operaciones conocidas por suscitar problemas de treaty shopping y que puede describirse de forma sencilla refiriéndose a ciertos factores (como el hecho de que una entidad sea de propiedad extranjera). Esta alternativa combinaría la "versión simplificada" de los apartados 1 a 6 que se reproducen a continuación con la norma general anti-abuso del apartado 7 (téngase en cuenta que dicha versión simplificada debería complementarse en todo caso con la norma general del apartado 7). De tal combinación no debe inferirse una restricción al alcance de la norma general anti-abuso del apartado 7: no se entenderá que una operación o acuerdo queda fuera del alcance del apartado 7 por el mero hecho de que no le sean aplicables las normas específicas anti-abuso de los apartados 1 a 6, pues éstas cubren únicamente algunos supuestos de treaty shopping que resultan fácilmente identificables en atención a características.

3. No obstante, un Estado podría optar por combatir el treaty shopping sin la norma general anti-abuso del apartado 7, confiando por el contrario en las normas específicas anti-abuso de los apartados 1 a 6 en combinación con un mecanismo dirigido a contrarrestar aquellas estrategias de canalización de rentas a través de sociedades instrumentales que escaparían del alcance de dichos apartados. Éste podría ser el caso de un Estado cuya legislación interna disponga de sólidas normas anti-abuso que por sí solas sean suficientes para cubrir otras formas de abuso de convenios. Los Estados que opten por esta alternativa deben asegurarse de que la versión de los apartados 1 a 6 que integren en sus convenios bilaterales sea suficientemente robusta para cubrir la mayor parte de las formas de treaty shopping. Por esta razón, los párrafos siguientes proporcionan diferentes versiones para los apartados 1 a 6. La versión más robusta recibe el nombre de "versión detallada". Los Estados que no deseen integrar en sus convenios el apartado 7 por las razones ya aducidas deberían adoptar la versión detallada en lugar de la "simplificada", que quedará sujeta a cualquiera de las adaptaciones a las que se refiere el Comentario a continuación.

3.1. Este artículo contiene las disposiciones que tienen como objetivo diversas varias formas de treaty shopping a través de las cuales personas que no residen en ninguno de los Estados contratantes establecen una entidad residente en uno de ellos con la intención de reducir o suprimir el gravamen en el otro Estado contratante a través de los beneficios que confiere el convenio firmado por ambos Estados. Permitir el acceso a los beneficios del convenio (como la reducción o la eliminación de la retención en la fuente sobre dividendos, intereses o cánones) a personas que en principio no tendrían derecho a ellos pero lo buscan indirectamente mediante estrategias de treaty shopping frustraría la naturaleza recíproca y bilateral de los convenios tributarios. Si, por ejemplo, un Estado sabe que sus residentes pueden acceder de manera indirecta a los beneficios de los convenios suscritos por otro Estado, tendrá escaso interés en conceder beneficios recíprocos a los residentes de ese otro Estado firmando un convenio con él. Además, en ese caso, esos beneficios alcanzados indirectamente pueden considerarse inapropiados atendiendo a la naturaleza del sistema tributario del primer Estado; si, por ejemplo, dicho Estado no grava ciertos tipos de rentas, no sería apropiado que sus residentes se beneficien de las disposiciones de un convenio concluido entre otros dos Estados que conceden una reducción o supresión del gravamen en fuente para esa categoría de rentas, pues dichas normas fueron redactadas partiendo de la hipótesis de que ambos Estados contratantes gravarían tal renta.

3.2. Las disposiciones de este artículo buscan denegar los beneficios del convenio a estructuras que normalmente conllevan la concesión indirecta de tales beneficios a personas que en principio no tienen acceso a los mismos, reconociendo al mismo tiempo que, en algunos casos, personas que no residen en ninguno de los dos Estados contratantes pueden establecer una entidad en uno de ellos por razones comerciales legítimas. Como estas disposiciones resultan aplicables con independencia de que la estructura fuera adoptada o no un propósito de treaty shopping, el artículo confiere a la autoridad competente del Estado contratante la potestad de conceder los beneficios del convenio, aún cuando la aplicación del resto de disposiciones conlleve su denegación, en los casos en que la autoridad competente determine que dicha estructura no tenía entre sus principales propósitos la obtención de los beneficios previstos en el convenio.

3.3. El artículo limita el alcance general del artículo 1, conforme al cual el convenio es aplicable a las personas residentes de uno de los Estados contratantes. El apartado 1 del artículo establece que una persona residente de un Estado contratante no podrá acogerse a los beneficios del convenio a menos que reúna los requisitos para ser considerada "persona calificada" de acuerdo con el apartado 2, o bien que los apartados 3, 4 ó 5 permitan concederle los beneficios. El apartado 2 establece quién constituye "persona calificada" refiriéndose a la naturaleza o características de diversas categorías de personas; toda persona que pueda subsumirse en alguna de estas categorías podrá acogerse a todos los beneficios del convenio. De acuerdo con el apartado 3, una persona tendrá derecho a los beneficios del convenio respecto de una renta concreta, aún cuando no constituya una "persona calificada" de acuerdo con el apartado 2, siempre que dicha renta proceda del ejercicio activo de una actividad económica por parte de dicha persona en el Estado en que reside (sin perjuicio de algunas excepciones). El apartado 4 es una disposición de "beneficios derivados" que posibilita que ciertas entidades participadas por residentes en terceros

Estados puedan acceder a los beneficios del convenio siempre y cuando dichos residentes, de haber realizado su inversión de manera directa, hubieran tenido derecho a beneficios equivalentes. El apartado 5, por su parte, confiere a la autoridad competente de un Estado contratante la potestad de conceder los beneficios del convenio en determinados casos en los que la aplicación del resto de las disposiciones resulte en su denegación. El apartado 6 recoge una serie de definiciones que resultan de aplicación a los efectos de este artículo.

Disposición que deniega los beneficios del convenio a un residente de un Estado contratante que no constituya una "persona calificada"

Versión simplificada

1. Salvo en los casos en que este artículo disponga lo contrario, un residente de un Estado contratante podrá acogerse a los beneficios previstos en este Convenio únicamente si dicho residente es una persona calificada.

Versión detallada

1. Salvo en los casos en que este artículo disponga lo contrario, un residente de un Estado contratante no podrá acogerse a un beneficio previsto en este Convenio (salvo los recogidos en el apartado 3 del artículo 4, el apartado 2 del artículo 9 o el artículo 25) a menos que dicho residente sea una "persona calificada", tal y como se define en el apartado 2, en el momento en el que se concedería el beneficio.

Comentario a la versión detallada

4. El apartado 1 establece que una persona residente de un Estado contratante de acuerdo con el artículo 4 tendrá derecho a los beneficios previstos por el Convenio para los residentes de un Estado contratante únicamente si constituye una "persona calificada" en virtud del apartado 2 o cumple los requisitos de los apartados 3, 4 ó 5. Los beneficios que este artículo, en su caso, permitiría conceder a los residentes incluyen todas las limitaciones a las potestades tributarias de los Estados contratantes estipuladas en los artículos 6 a 21, la eliminación de la doble imposición establecida en el artículo 23 y la protección que se brinda a los residentes de un Estado contratante bajo el artículo 24. No obstante, este artículo no condiciona la disponibilidad de los beneficios del Convenio recogidos en el apartado 3 del artículo 4, el apartado 2 del artículo 9 o el artículo 25, así como aquellas otras escasas disposiciones del Convenio que no exigen que la persona sea residente de un Estado contratante para poder disfrutar de los beneficios de dichas disposiciones (por ejemplo el apartado 1 del artículo 24 en la medida en que es de aplicación a los nacionales que no residen en ninguno de los dos Estados contratantes).

5. El apartado 1 no extiende de ningún modo el alcance de los beneficios otorgados por el Convenio. De esta forma, un residente de un Estado contratante que constituya una "persona calificada" de acuerdo con el apartado 2 debe en todo caso cumplir los requisitos previstos en la disposición de turno del Convenio para poder acceder a los beneficios en ella previstos (por ejemplo, dicho residente deberá ser el beneficiario efectivo de los dividendos para poder disfrutar del beneficio previsto en el apartado 2 del artículo 10). Además, tales beneficios pueden verse limitados o incluso denegados como resultado de aplicar otras normas anti-abuso.

6. El apartado 1 resulta de aplicación siempre que el Convenio prevea conceder un beneficio a un residente de un Estado contratante. Por ejemplo, sería aplicable cuando un residente de un Estado contratante obtenga una renta subsumible en el artículo 6, o un dividendo del artículo 10 o un beneficio empresarial del artículo 7. El apartado exige que dicho residente sea una "persona calificada" con arreglo al apartado 2 en el momento correspondiente para que pueda tener derecho al beneficio de turno. No obstante, en algunos casos, la definición de "persona calificada" requiere que el residente del Estado contratante satisfaga ciertos requisitos durante un determinado periodo de tiempo para poder tener la consideración de "persona calificada" en un momento dado.

Situaciones en la que un residente es una persona calificada

Versión simplificada

2. A los efectos de este artículo, un residente de un Estado contratante será una persona calificada si el residente es:

Versión detallada

2. Un residente de un Estado contratante será una persona calificada en el momento en el que el beneficio sería concedido por el Convenio si, en ese momento, el residente es:

Comentario a la versión detallada

7. El apartado 2 tiene seis subapartados, cada uno de los cuales describe una categoría de residentes que tendrán la consideración de personas calificadas.

8. Se pretende que las disposiciones del apartado 2 sean de aplicación directa. A diferencia del apartado 5, que se trata más adelante, la concesión de los beneficios en virtud del apartado 2 no requiere una resolución previa de la autoridad competente o una aprobación. Ello no impide que las autoridades tributarias, previa comprobación, puedan decidir que el contribuyente ha interpretado incorrectamente el apartado y en consecuencia no tiene derecho a los beneficios.

Personas físicas

a) una persona física;

9. El subapartado 2 a) establece que cualquier persona física residente de un Estado contratante será una persona calificada. Como se explica en el párrafo 35 más adelante, un instrumento de inversión colectiva debe ser tratado como una persona física a los efectos de ciertas disposiciones del convenio; cuando éste sea el caso, el instrumento de inversión colectiva tendrá la consideración de persona calificada en virtud del subapartado a).

Gobiernos

Versión simplificada

b) un Estado contratante o cualquiera de sus subdivisiones políticas o autoridades locales, su banco central, o una entidad participada al 100 por cien, directa o indirectamente, por ese Estado o por cualquiera de sus subdivisiones políticas o autoridades locales;

Versión detallada

b) un Estado contratante o una de sus subdivisiones políticas o autoridades locales, o una entidad participada al 100 por cien por ese Estado o por sus subdivisiones políticas o autoridades locales;

Comentario a la versión detallada

10. El subapartado 2 b) establece que los Estados contratantes y cualquiera de sus subdivisiones políticas o autoridades locales constituyen personas calificadas. El subapartado es de aplicación a cualquier parte de un Estado, incluyendo las agencias u organismos que carecen de personalidad jurídica separada. El último inciso del subapartado establece que una persona jurídica que resida en un Estado contratante y esté participada al 100 por cien por un Estado contratante o por sus subdivisiones políticas o autoridades locales, tendrá también la consideración de persona calificada y, en consecuencia, podrá acogerse a todos los beneficios del convenio mientras mantenga dicho estatus. Es probable que la redacción del subapartado deba adaptarse a la naturaleza jurídica que las distintas entidades estatales, como los fondos soberanos, ostenten en los Estados contratantes, así como a la postura mantenida por dichos Estados en torno a la aplicación del artículo 4 respecto de estas entidades (véanse los párrafos 6.35 a 6.39 del Comentario al artículo 1 y los párrafos 8.5 a 8.7 del Comentario al artículo 4)

Sociedades y entidades cotizadas en bolsa

Versión simplificada

c) Una sociedad, si su categoría principal de acciones cotiza regularmente en uno o más mercados de valores reconocidos;

d) Una persona distinta de una sociedad, si los derechos de participación en sus beneficios cotizan regularmente en uno o más mercados de valores reconocidos;

Versión detallada

c) Una sociedad u otro tipo de entidad si, a lo largo del periodo impositivo correspondiente:

i) su categoría principal de acciones (y cualquier categoría de acciones que den derecho a una participación desproporcionada en beneficios) cotiza regularmente en uno o más mercados de valores reconocidos y además:

A) su categoría principal de acciones cotiza mayoritariamente en al menos uno de los mercados de valores reconocidos del Estado donde es residente la sociedad o entidad, o

B) la sede principal de dirección y control de la sociedad o entidad se encuentra en el Estado donde ésta es residente, o

ii) al menos el 50 por ciento de la totalidad de los derechos de voto y del valor de las acciones (y al menos el 50 por ciento de cualquier categoría de acciones que den derecho a una participación desproporcionada en beneficios) de la sociedad o entidad pertenecen, directa o indirectamente, a cinco o menos sociedades o entidades que sí puedan acogerse a los beneficios del Convenio en virtud de la letra i) de este subapartado, [siempre que, en el caso de propiedad indirecta, cada propietario interpuesto sea residente de cualquiera de los Estados contratantes];

Comentario a la versión detallada

11. El subapartado c) admite que, con carácter general, es poco probable que las sociedades que cotizan en bolsa o las entidades con un amplio número de accionistas se hayan constituido con un propósito de treaty shopping. La letra i) se aplica a las sociedades y entidades que cotizan en bolsa mientras que la letra ii) se refiere a las filiales de las sociedades y entidades que cotizan en bolsa. Como indica el subapartado h) del apartado 6, a los efectos del subapartado c) el término "acciones" cubre las participaciones equiparables a las acciones en las entidades distintas de las sociedades sobre las cuales sea de aplicación el subapartado; incluyendo, por ejemplo, aquellas partes de un fideicomiso —trust— que coticen en bolsa.

12. La letra i) establece que una sociedad o entidad residente en un Estado contratante constituirá una persona calificada en el momento en el que el Convenio conceda el beneficio si, a lo largo del periodo impositivo correspondiente, su categoría principal de acciones, y cualquier categoría de acciones que den derecho a una participación desproporcionada en beneficios, cotiza regularmente en uno o más mercados de valores reconocidos, siempre y cuando la sociedad o entidad también satisfaga al menos uno de los siguientes requisitos: primero, la categoría principal de acciones de la sociedad o entidad cotiza mayoritariamente en al menos uno de los mercados de valores reconocidos localizados en el Estado contratante de residencia de la sociedad o entidad, o, segundo, la sede principal de dirección y control de la sociedad o entidad se encuentra en su Estado de residencia. Estos requisitos adicionales tienen en cuenta que, aunque una sociedad o entidad cotizada pueda ser técnicamente residente de un Estado determinado, cabe la posibilidad de que no tenga una relación suficiente con dicho Estado que permita justificar el acceso por parte de dicha sociedad o entidad a los beneficios de los convenios suscritos por ese Estado. Se entenderá que la relación es suficiente cuando las acciones de la sociedad o entidad coticen mayoritariamente en mercados de valores reconocidos del Estado de residencia de la sociedad o entidad; no obstante, dado que la globalización de los mercados financieros implica que las acciones de una sociedad cotizan con frecuencia en mercados de valores de Estados diferentes al de su residencia, el test alternativo establece que también se considerará que existe una relación suficiente cuando la sociedad o entidad tenga su sede principal de dirección y control en su Estado de residencia.

13. Sin embargo, no podrá acogerse a los beneficios del Convenio con arreglo al subapartado c) del apartado 2 una sociedad o entidad cuya categoría principal de acciones cotiza regularmente en un mercado de valores reconocido en el caso de que disponga de una categoría de acciones que den derecho a una participación desproporcionada en beneficios que, por el contrario, no cotice regularmente en un mercado de valores reconocido.

14. Las expresiones "mercado de valores reconocido", "categoría principal de acciones" y "categoría de acciones que dan derecho a una participación desproporcionada en beneficios" se definen en el apartado 6 (véase más adelante). Como se indica en dichas definiciones, la categoría principal de acciones de una sociedad debe establecerse tras excluir las acciones con derechos especiales de voto emitidas como medio para establecer una "alianza estratégica entre dos sociedades cotizadas en bolsa", igualmente definida en el apartado 6.

15. El requisito de cotización habitual se cumple con la cotización de acciones emitidas en cualquier mercado de valores reconocido en cualquiera de los dos Estados. La cotización en uno o más mercados de valores reconocidos puede acumularse a los efectos de ver cumplido este requisito; así pues, una sociedad o entidad puede satisfacer dicha condición si sus acciones cotizan con regularidad, en todo o en parte, en un mercado de valores reconocido localizado en el otro Estado contratante.

16. La letra (i)A) establece un requisito adicional que consiste en que las acciones de una sociedad o entidad coticen mayoritariamente en al menos uno de los mercados de valores reconocidos del Estado en que reside dicha sociedad o entidad. Con carácter general, se considerará que la categoría principal de acciones "cotiza mayoritariamente" en uno o más mercados de valores reconocidos del Estado de residencia de la sociedad o entidad si, dentro de la categoría principal de acciones de la sociedad, el número de acciones que cotiza en estos mercados excede del número de acciones que cotiza en mercados de valores de otros Estados durante el periodo impositivo en cuestión. Sin embargo, algunos Estados entienden que el hecho de que una sociedad o entidad residente en un Estado contratante cotice mayoritariamente en mercados de valores situados en otros Estados (por ejemplo, en un Estado miembro del Espacio Económico Europeo cuya normativa configura un mercado único para el comercio de valores mobiliarios) es garantía suficiente de que dicha sociedad o entidad no esconde un propósito de treaty shopping; aquellos Estados que compartan esta postura pueden modificar la letra (i)A) en este sentido.

17. La letra (i)B) establece un requisito alternativo que resulta de aplicación a aquellas sociedades o entidades cuya categoría principal de acciones cotiza regularmente en un mercado de valores reconocidos y sin embargo no lo hace mayoritariamente en uno de los mercados de valores reconocidos situados en el Estado en que residen. Dicha sociedad o entidad podría en todo caso acceder a los beneficios del Convenio suponiendo que su "sede principal de dirección y control" (según la definición del subapartado d) del apartado 6) se encuentre en su Estado de residencia.

18. Las condiciones del subapartado c) deben quedar satisfechas a lo largo del periodo impositivo de la sociedad o entidad. Esto no significa que las acciones de la sociedad o entidad deban cotizar en el mercado de valores de turno durante cada uno de los días de dicho periodo. Para que pueda entenderse que las acciones cotizan regularmente en uno o más mercados de valores a lo largo del periodo impositivo, será necesario que un porcentaje mínimo de acciones (que no sea nimio) cotice activamente durante un número de días suficientemente elevado dentro de dicho periodo. Por ejemplo, el test se entendería cumplido si el 10 por ciento de las acciones en circulación de una determinada categoría cotizan durante 60 días dentro del periodo impositivo de la sociedad. La expresión "periodo impositivo" presente en los subapartados c) y e) se refiere al periodo respecto del cual la sociedad o entidad debe presentar su declaración anual de impuestos en su Estado de residencia. Si los Estados utilizan en sus legislaciones internas un término diferente para referirse a dicho período, son libres de reemplazar las referencias al periodo impositivo por ese otro término.

19. Una sociedad residente en un Estado contratante puede acceder a todos los beneficios del Convenio conforme a la letra ii) del subapartado c) del apartado 2 si cinco o menos sociedades o entidades que cumplan los requisitos de la letra i) son los propietarios directos o indirectos de, al menos, el 50 por ciento de la totalidad de los derechos de voto y del valor de las acciones de la sociedad (y al menos del 50 por ciento de_cualquier categoría de acciones que den derecho a una participación desproporcionada en beneficios). En el caso de que las sociedades cotizadas sean propietarias indirectas, será necesario que cada una de las sociedades interpuestas sea residente de alguno de los Estados contratantes. No obstante, algunos Estados entienden que este último requisito es excesivamente restrictivo y prefieren omitirlo.

20. De esta manera, por ejemplo, una sociedad residente en un Estado contratante, enteramente participada por otra sociedad residente en el mismo Estado, podría acogerse a los beneficios del Convenio si la categoría principal de acciones (y cualquier categoría de acciones que den derecho a una participación desproporcionada en beneficios) de la matriz cotiza con regularidad y en su mayoría en un mercado de valores reconocido de ese Estado contratante. Sin embargo, la filial no accedería a los beneficios del Convenio de acuerdo con la letra ii) si la matriz cotizada fuera residente de un tercer Estado en lugar de residir en alguno de los Estados contratantes. Además, si una sociedad matriz residente en cualquiera de los Estados contratantes fuera propietaria indirecta de una filial a través de una cadena de filiales, cada una de las filiales de esa cadena, como propietaria interpuesta, ha de ser residente en cualquiera de los Estados contratantes para que la última filial satisfaga el test de la letra ii). No obstante, como ya se adelantaba en el párrafo previo, algunos Estados entienden que, en el caso de las sociedades cotizadas, el requisito de que cada una de las filiales de la cadena deba ser residente de alguno de los Estados contratantes resulta innecesario a la hora de combatir el treaty shopping; así pues, tales Estados pueden optar por omitir ese requisito adicional.

Organizaciones benéficas y fondos de pensiones

Versión detallada

d) una persona distinta de una persona física si:

i) es [lista de las correspondientes organizaciones sin ánimo de lucro de cada Estado contratante],

ii) es un fondo de pensiones reconocido, siempre y cuando más del 50 por ciento de los derechos sobre sus beneficios sea propiedad de personas físicas residentes de alguno de los Estados contratantes, o cuando más del [__por ciento] de los derechos sobre sus beneficios sea propiedad de personas físicas residentes de alguno de los Estados contratantes o de cualquier otro Estado respecto del cual se cumplan los siguientes requisitos

A) las personas físicas residentes de ese otro Estado pueden acogerse a los beneficios de un Convenio para evitar la doble imposición al uso suscrito entre ese otro Estado y el Estado al que se le reclaman los beneficios de este Convenio, y

B) con respecto a la renta referida en los artículos 10 y 11 de este Convenio, si el fondo fuera residente de ese otro Estado y pudiera acogerse a todos los beneficios de ese otro Convenio, se beneficiaría de un tipo de gravamen previsto por ese otro Convenio para este tipo de rentas (respecto de las cuales se reclaman los beneficios de este Convenio) igual o inferior al tipo de gravamen aplicable conforme a este Convenio; o

iii) fue constituida y opera con la finalidad de invertir fondos para el beneficio de las personas a las que se refiere la letra ii), siempre y cuando prácticamente toda la renta de dicha persona proceda de inversiones realizadas para el beneficio de esas otras personas;

Comentario a la versión detallada

21. El subapartado 2 d) establece que ciertas organizaciones sin ánimo de lucro y fondos de pensiones residentes de un Estado contratante (véanse los párrafos 8.6 y 8.7 del Comentario al artículo 4) podrán acogerse a todos los beneficios del Convenio.

22. Las entidades enumeradas en la letra i) accederán automáticamente a los beneficios del Convenio independientemente de la residencia de sus beneficiarios o miembros. Estas entidades generalmente están exentas de impuestos en su Estado de residencia, y se constituyen y operan en exclusiva para cumplir determinadas fines sociales (por ejemplo, benéficos, científicos, artísticos, culturales o pedagógicos).

23. De acuerdo con la letra ii), un fondo de pensiones residente tendrá derecho a los beneficios del Convenio cuando más del 50% de los derechos sobre sus beneficios sea titularidad de personas físicas residentes en alguno de los Estados contratantes, o cuando más de un determinado porcentaje (a determinar en la negociación del convenio de turno) de los derechos sobre sus beneficios sea titularidad de dichos residentes o de personas físicas residentes de terceros Estados siempre y cuando, en este último caso, se satisfagan también dos condiciones adicionales. La primera condición es que las personas físicas residentes de ese tercer Estado puedan acogerse a los beneficios de un convenio tributario al uso suscrito entre ese tercer Estado y el Estado de la fuente. La segunda condición es que dicho convenio establezca una reducción similar o mayor sobre la retención en fuente aplicable a los intereses o dividendos derivados de los fondos de pensiones residentes en dicho tercer Estado. A los efectos de esta disposición, se entenderá por "derechos sobre sus beneficios" los derechos que ostentan las personas con derecho a recibir las pensiones del fondo.

No obstante, algunos Estados consideran que los riesgos que suponen los fondos de pensiones reconocidos en materia de treaty shopping no justifican los costes de cumplimiento que recaerían sobre estos fondos, pues se verían obligados a identificar la residencia y el acceso al convenio de todas aquellas personas físicas que tengan derecho a recibir sus pensiones. Aquellos Estados que compartan esta postura pueden modificar la letra (ii) en este sentido.

24. La letra iii) supone una extensión de la norma prevista en la letra ii) aplicable a los fondos de pensiones. Aplica a los denominados "fondos de fondos", que son fondos que no proporcionan de manera directa las pensiones a los residentes de cualquiera de los Estados contratantes, sino que se constituyen con el objetivo de invertir los fondos de los fondos de pensiones que a su vez podrían acogerse los beneficios del Convenio de acuerdo con la letra ii). La letra iii) sólo aplicaría, sin embargo, si prácticamente toda la renta de dicho "fondo de fondos" procede de inversiones hechas para el beneficio de los fondos de pensiones con acceso a los beneficios conforme a la letra ii).

Propiedad / erosión de la base

Versión simplificada

e) una persona distinta de una persona física, siempre y cuando personas residentes de ese Estado contratante que reciban la consideración de personas calificadas conforme a los subapartados a) a d) sean propietarias, directa o indirectamente, de más del 50% de los derechos de participación en los beneficios de esa persona

Versión detallada

e) Una persona distinta de una persona física si

i) al menos en la mitad de los días del periodo impositivo, personas residentes de ese Estado contratante y que tengan derecho a los beneficios de este Convenio de acuerdo con los subapartados a), b) o d), o bien la letra i) del subapartado c) de este apartado, posean directa o indirectamente acciones que representen al menos el 50 por ciento de la totalidad de los derechos de voto y del valor (y al menos el 50 por ciento de cualquier categoría de acciones que den derecho a una participación desproporcionada en beneficios) de la persona, [siempre y cuando, en el caso de propiedad indirecta, cada propietario interpuesto sea residente de ese Estado contratante], y

ii) menos del 50 por ciento de la renta bruta de la persona durante el periodo impositivo, tal y como se determine en el Estado de residencia de la persona, se pague o devengue, directa o indirectamente, a personas que no sean residentes de ninguno de los Estados contratantes con derecho a los beneficios de este Convenio de acuerdo con los subapartados a), b) o d), o bien la letra i) del subapartado c) de este apartado, en forma de pagos deducibles a efectos de los impuestos comprendidos en el ámbito de este Convenio en el Estado de residencia de la persona (excluyendo los pagos realizados en condiciones de plena competencia que se efectúan en el curso ordinario de un negocio por servicios o bienes tangibles);

Comentario a la versión detallada

25. El subapartado 2 e) establece un método adicional para acceder a los beneficios del Convenio, aplicable a entidades, con independencia de su forma jurídica, que sean residentes de un Estado contratante. El test previsto en el subapartado e), denominado habitualmente test de propiedad y de erosión de la base, es un test que se compone de dos partes; ambas deben cumplirse para que el residente pueda acogerse a los beneficios del Convenio conforme al subapartado 2 e).

26. Conforme a la letra i), que se corresponde con el test de propiedad, al menos el 50 por ciento de cada categoría de acciones sobre la persona debe ser propiedad, directa o indirectamente, y al menos durante la mitad de los días del periodo impositivo de dicha persona, de personas residentes en el mismo Estado contratante que dicha persona, y que tengan acceso a los beneficios del Convenio de acuerdo con los subapartados a), b) o d), o bien la letra i) del subapartado c). En el caso de propiedad indirecta, cada uno de los propietarios interpuestos debe ser residente de ese Estado contratante. No obstante, algunos Estados entienden que este último requisito es excesivamente restrictivo y prefieren omitirlo.

27. Aunque la letra i) resulta particularmente relevante en el ámbito de las sociedades privadas, también puede ser de aplicación sobre otro tipo de entidades, como los fideicomisos —trust—, siempre que residan en un Estado contratante y satisfagan los requisitos estipulados en esta norma. De acuerdo con el subapartado h) del apartado 6, el término "acciones", en el caso de entidades distintas de las sociedades, se refiere a los derechos que puedan ser equiparables a las acciones; por ejemplo, los derechos de participación en los beneficios de un fideicomiso —trust—. El interés de un beneficiario con derecho a una parte de un fideicomiso —trust— será igual al 100 por cien menos los porcentajes acumulados que ostenten los beneficiarios restantes. No se entenderá que el interés de un beneficiario en un fideicomiso —trust— es titularidad de una persona con acceso a los beneficios del Convenio de acuerdo con las disposiciones restantes del apartado 2 a menos que sea posible determinar el interés actuarial del beneficiario. En consecuencia, si no resulta posible determinar el interés actuarial de los beneficiarios en un fideicomiso —trust—, no será posible satisfacer el test de propiedad previsto en la letra i) a menos que todos los beneficiarios posibles del fideicomiso —trust— sean personas que puedan acogerse a los beneficios del Convenio en virtud del resto de los subapartados del apartado 2.

28. El requisito de la letra ii), que se corresponde con el test de erosión de la base, se entenderá cumplido respecto de una persona cuando menos del 50 por ciento de su renta bruta en el periodo impositivo, tal y como se determine en el Estado de residencia de la persona, se pague o devengue a personas que no sean residentes de ninguno de los Estados contratantes con derecho a los beneficios del Convenio conforme a los subapartados a), b) o d), o bien la letra i) del subapartado c), en forma de pagos deducibles a efectos impositivos en el Estado de residencia del pagador.

29. A los efectos del test de la letra ii), los pagos deducibles (es decir, aquellos que erosionan la base) no incluyen los pagos realizados en condiciones de plena competencia que se efectúan en el curso ordinario de un negocio por servicios o propiedad tangible. Las distribuciones de beneficios por parte de los fideicomisos

—trust— se considerarán pagos que erosionan la base en la medida en que sean deducibles de la base imponible conforme a la legislación tributaria interna del Estado de residencia de la persona. Las deducciones por depreciación y amortización, al no representar pagos a otra persona, no serán tenidas en cuenta a los efectos de la letra ii). Una renta que esté sujeta a plena imposición en el Estado de la fuente no debería ser considerada como pago que erosiona la base aunque sea deducible para el pagador. Por ejemplo, no debería ser tenido en cuenta el pago de una "aportación intragrupo" que pueda realizar una sociedad residente en un Estado contratante a un establecimiento permanente, situado en su mismo Estado, que pertenezca a una sociedad no residente parte del mismo grupo, ya que dicho pago tributaría en el mismo Estado en el que se dedujo.

30. Los test de propiedad y de erosión de la base recogidos en el subapartado e) deben ser evaluados en cada uno de los periodos impositivos de la entidad; una vez se satisfagan ambos test en un determinado periodo impositivo, se entenderá que la entidad es una persona calificada en cualquier momento dentro de ese periodo impositivo. El periodo impositivo al que hace referencia el subapartado f) se establece en función de la legislación tributaria del Estado de residencia de la entidad.

Instrumentos de inversión colectiva – subapartado 2 f)

Versión detallada

f) [posible disposición sobre instrumentos de inversión colectiva] 1

[Nota al pie 1] Este subapartado debe redactarse (u omitirse) en función del tratamiento que el Convenio otorgue a los instrumentos de inversión colectiva, así como del uso y tratamiento que les confiera cada Estado contratante: véanse el Comentario al subapartado y los párrafos 6.4 a 6.38 del Comentario al artículo 1.

Comentario a la versión detallada

31. Como anticipaba la nota al pie al subapartado f), el hecho de que se incluya o no una norma específica referida a los instrumentos de inversión colectiva (IICs) y, llegado el caso, la redacción de tal norma, dependerá del tratamiento que el Convenio confiera a los IICs y de su tratamiento y uso en cada uno de los Estados contratantes. Con frecuencia dicha norma será necesaria, ya que es posible que un IIC no reciba la consideración de persona calificada de acuerdo con las disposiciones de los apartados 2 ó 3 ya que, en muchos casos

- *las participaciones en un IIC no cotizan en bolsa (aunque estén ampliamente distribuidas);*
- *los titulares de dichas participaciones son residentes de terceros Estados;*
- *las distribuciones de beneficios realizadas por el IIC son pagos deducibles, y*
- *los IIC se utilizan como vehículos de inversión y no para el "ejercicio activo de una actividad económica" en los términos empleados en el apartado 3.*

32. Los párrafos 6.8 a 6.34 del Comentario al artículo 1 examinan diversos factores a tomar en consideración a la hora de establecer el acceso al convenio por parte de los IICs, por lo que resulta apropiado revisar dichos párrafos a los efectos de decidir la inclusión de una disposición sobre los IICs en el apartado 2 y, en su caso, cómo debería redactarse. Estos párrafos recogen disposiciones alternativas que permiten dar un tratamiento adecuado a los IICs que se encuentren en cada Estado contratante. Como se explica más adelante, el uso de estas disposiciones puede hacer innecesaria la inclusión de una norma específica sobre los IICs en el apartado 2. En el caso de que así suceda, es importante asegurarse de adaptar la definición de "beneficiario equiparable", en el caso de que se emplee tal término en la disposición alternativa en cuestión, para reflejar la definición recogida en el apartado 6.

33. Si finalmente se opta por incluir dicha norma específica, el subapartado f) se ocupará de establecer en qué casos un Estado contratante accederá a aceptar a un IIC establecido en el otro Estado contratante como residente de dicho Estado de acuerdo con el análisis previsto en los párrafos 6.9 a 6.12 del Comentario al artículo 1 (esta decisión puede resultar, o bien de un procedimiento amistoso como prevé el párrafo 6.16 del Comentario al artículo 1, o bien de una decisión administrativa o judicial). Las disposiciones del artículo, incluido el subapartado f), no afectarán a los IICs que no puedan considerarse residentes de un Estado contratante conforme al análisis de los párrafos 6.9 a 6.12 del Comentario al artículo 1. Además, el subapartado f) tampoco será de relevancia cuando el acceso al convenio por parte del IIC dependa de una disposición del convenio equivalente a alguna de las alternativas previstas en los párrafos 6.17, 6.21, 6.26, 6.27 y 6.32 del Comentario al artículo 1.

34. Como explicaban los párrafos 6.19 a 6.20 del Comentario al artículo 1, es posible que los Estados contratantes que deseen abordar la cuestión del acceso a los beneficios del convenio por parte de los IICs quieran tener en cuenta las características económicas de los diferentes tipos de IICs que se utilicen en cada Estado contratante, así como su potencial uso para propósitos de treaty shopping.

35. Tras hacer dicho análisis, los Estados pueden concluir que el tratamiento fiscal que ambos Estados confieren a los IICs no suscita problemas desde la perspectiva del treaty shopping y, en consecuencia, pueden optar por incluir en su convenio bilateral la disposición alternativa prevista en el párrafo 6.17 del Comentario al artículo 1, que establece expresamente el acceso al convenio por parte de los IICs constituidos en cada Estado, garantizando al mismo tiempo que reciben la consideración de personas calificadas conforme al subapartado a) del apartado 2 del artículo (pues los IIC a los que se aplicaría dicha disposición alternativa serían tratados como personas físicas). En tal caso, se debería omitir el subapartado f). Los Estados que compartan la opinión de que los IICs constituidos en ambos Estados no suscitan problemas desde la perspectiva del treaty shopping pero opten por no incluir en su convenio la disposición alternativa del párrafo 6.17 del Comentario al artículo 1, deberían asegurarse de que cualquier IIC residente en cualquiera de los Estados contratantes recibe la consideración de persona calificada. En tales casos, el subapartado f) podría redactarse de la siguiente manera:

> *f) un instrumento de inversión colectiva* [*debiendo incluirse una definición de IIC en el subapartado f) del apartado 6*]*;*

36. No obstante, los Estados contratantes también podrían llegar a la conclusión de que los IICs posibilitan que residentes de terceros Estados puedan utilizarlos para acceder a los beneficios del convenio, beneficios a los que no tendrían acceso si hubieran realizado su inversión de manera directa. Por esa razón, podrían optar por redactar el subapartado f) de manera tal que se confiera la condición de persona calificada a los IICs sólo en la medida en que la titularidad de los derechos de participación en los beneficios del IIC pertenezca a beneficiarios equiparables. En tal caso, el subapartado f) podría redactarse de la siguiente manera:

> *f) un instrumento de inversión colectiva, pero sólo en la medida en que, en ese momento, los derechos de participación en los beneficios de ese IIC sean propiedad de residentes del Estado contratante donde éste está establecido o beneficiarios equiparables.*

37. Dicho tratamiento es equivalente al que resultaría de incluir en el convenio una disposición similar a la prevista en el párrafo 6.21 del Comentario al artículo 1. Como señalan los párrafos 6.18 a 6.24 del Comentario al artículo 1, la incorporación de tal disposición proporcionaría una solución más completa a los problemas convencionales que surgen en materia de IICs ya que, además de abordar los problemas relacionados con el treaty shopping, sirve al mismo tiempo para clarificar cuál es el tratamiento que el convenio conferiría a los IICs de ambos Estados contratantes. Si finalmente se opta por incluir dicha disposición en el convenio, el subapartado f) no sería necesario respecto de los IICs cubiertos por dicha disposición: puesto que tal disposición establece que estos IICs serán tratados como personas físicas (siempre y cuando los derechos de participación en los beneficios de dicho IIC sean propiedad de beneficiarios equiparables) y, por ende, recibirán la consideración de personas calificadas en virtud del subapartado a) del apartado 2 del artículo.

38. El planteamiento descrito en los dos párrafos previos, al igual que el previsto en los párrafos 6.21, 6.26 y 6.28 del Comentario al artículo 1, hace necesario que el IIC, a la hora de reclamar un beneficio del convenio respecto de una renta concreta, determine la proporción de titulares de participaciones que habrían podido optar a los beneficios del convenio si hubieran realizado su inversión directamente. No obstante, como indica el párrafo 6.29 del Comentario al artículo 1, la titularidad de las participaciones en el IIC cambia con regularidad y, además, es frecuente que su tenencia se realice a través de intermediarios. Por esta razón, resulta habitual que el IIC y sus gestores desconozcan los nombres de los beneficiarios efectivos de sus participaciones o el potencial acceso de éstos a los beneficios del convenio. Sería poco práctico exigir al IIC que recabe dicha información a través de los intermediarios correspondientes cada vez que el IIC obtenga renta. Por esta razón, es posible que los Estados contratantes estén dispuestos a aceptar criterios más pragmáticos y fiables que no requieran este seguimiento diario. Como señala el párrafo 6.31 del Comentario al artículo 1, aunque la identidad de los inversores particulares pueda cambiar diariamente es probable que la proporción de inversores en el IIC con derecho a optar a los beneficios del convenio varíe con relativa lentitud. De esta manera, el cálculo de la proporción de beneficiarios equiparables titulares de los derechos de participación en los beneficios del IIC debería hacerse en intervalos periódicos, produciendo efectos para los pagos sucesivos hasta que se haga el nuevo cálculo. Esto se corresponde con el planteamiento descrito en el párrafo 6.31 del Comentario al artículo 1, según el cual:

> *… sería razonable exigir al IIC que recabara de otros intermediarios, en fechas predeterminadas, la información que le permita determinar la proporción de inversores que tienen derecho a acogerse al convenio. Esta*

información podría requerirse al final del año civil o del ejercicio fiscal o, si las condiciones del mercado sugieren que hay mucho movimiento en la titularidad, podría requerirse con mayor frecuencia, aunque con una periodicidad no superior a una vez por trimestre natural, coincidiendo con su terminación. El IIC podría entonces solicitar el acogimiento sobre la base de la media de esos importes calculada para un período previamente acordado. Cuando se adopten estos procedimientos debe tenerse mucho cuidado al elegir las fechas utilizadas para el cómputo, a fin de permitir que el IIC tenga tiempo suficiente para actualizar la información que ofrece a otros pagadores, y pueda retenerse el importe correcto al inicio de cada periodo correspondiente.

39. Los Estados contratantes también podrían adoptar la postura descrita en el párrafo 6.26 del Comentario al artículo 1. Aquellos Estados que compartan esta visión podrían optar por redactar el subapartado f) de manera tal que un IIC residente de un Estado contratante sólo recibiría la consideración de persona calificada en la medida en que los titulares de los derechos de participación en sus beneficios sean residentes del mismo Estado contratante en que está establecido el IIC. En tal caso, el subapartado f) podría redactarse de la siguiente manera:

> *f) un instrumento de inversión colectiva, pero sólo en la medida en que, en ese momento, los derechos de participación en sus beneficios sean propiedad de residentes del Estado contratante en que está establecido dicho instrumento de inversión colectiva.*

Puesto que la inclusión de la disposición alternativa recogida en el párrafo 6.26 del Comentario al artículo 1 alcanzaría el mismo resultado que el subapartado f) respecto de aquellos IIC que queden cubiertos por la primera, la inclusión de dicha disposición haría innecesario incorporar el subapartado f).

40. Una posible variación del planteamiento previo sería otorgar la condición de persona calificada a un IIC residente en un Estado contratante en la medida en que la mayoría de los derechos de participación en sus beneficios sea propiedad de personas físicas residentes en el mismo Estado contratante en el que está establecido el IIC. Dicho resultado podría alcanzarse omitiéndose el subapartado f) y confiando únicamente en la aplicación del subapartado 2) e) (el llamado test de propiedad y erosión de la base).

41. Otra postura que podrían adoptar los Estados contratantes sería concluir que una proporción sustancial de inversores en el IIC con acceso a los beneficios del convenio supone una garantía suficiente frente al riesgo de treaty shopping. En esta línea, sería adecuado incluir un umbral de propiedad por encima del cual se concederían los beneficios respecto de todas las rentas percibidas por el IIC. La disposición alternativa que permitiría alcanzar este resultado es la prevista en el párrafo 6.27 del Comentario al artículo 1. Si los Estados contratantes optaran por recoger dicha disposición en sus convenios bilaterales no sería necesario incluir el subapartado f) en relación con los IIC que queden cubiertos por dicha disposición. Si, por el contrario, no se incluyera dicha disposición en el convenio, podría ampliarse el alcance del subapartado f) para alcanzar un resultado similar: "un instrumento de inversión colectiva, pero sólo en la medida en que al menos un [ ] por ciento de los derechos de participación en sus beneficios sea propiedad de residentes del Estado contratante donde éste está establecido o beneficiarios equiparables".

42. Del mismo modo, los Estados contratantes pueden optar por la disposición alternativa del párrafo 6.32 del Comentario al artículo 1 cuando consideren "que un instrumento de inversión colectiva que cotice en bolsa no puede utilizarse realmente para optar ilícitamente a beneficios derivados de los convenios porque los accionistas o partícipes de dicho instrumento no pueden ejercer control sobre él individualmente". En tal caso, el subapartado f) no sería necesario respecto de aquellos IIC que queden cubiertos por la disposición. Aquellos Estados que compartan esta visión pero que no hayan incluido la disposición alternativa en su convenio, podrían redactar el subapartado f) de la siguiente manera:

> *f) un instrumento de inversión colectiva si la categoría principal de sus acciones cotiza con regularidad en un mercado de valores.*

43. Por último, como se explica en el párrafo 6.25 del Comentario al artículo 1, los Estados que compartan la preocupación manifestada en dicho párrafo acerca del potencial diferimiento en el pago de impuestos que podría surgir respecto de un IIC sujeto a escasa o nula tributación y que puede acumular su renta en lugar de distribuirla regularmente, podrían optar por negociar disposiciones por las cuales se concedan los beneficios únicamente a aquellos IIC que estén obligados a distribuir beneficios regularmente. En función de cómo se redacten dichas disposiciones, es posible que hagan innecesario el subapartado f).

Ejercicio activo de una actividad económica

Versión simplificada

4. a) Un residente de un Estado contratante que ni es una persona calificada ni puede acogerse a los beneficios de este Convenio en virtud del apartado 3, tendrá derecho a los beneficios del Convenio respecto de un elemento de renta siempre y cuando el residente ejerza activamente una actividad económica en el Estado mencionado en primer lugar (distinta de la actividad de inversión o gestión de inversiones por cuenta propia, a menos que la actividad la lleve a cabo una entidad bancaria, una sociedad aseguradora, una agencia de valores registrada o cualquier otra institución acordada por los Estados contratantes) y la renta procedente del otro Estado contratante se obtenga en relación con esa actividad o sea incidental a la misma.

b) Si un residente de un Estado contratante obtiene un elemento de renta a partir de una actividad económica ejercida por ese residente en el otro Estado contratante, u obtiene un elemento de renta procedente del otro Estado contratante y derivado de una empresa relacionada con el residente, las condiciones descritas en el subapartado a) se entenderán cumplidas respecto de ese elemento de renta únicamente si la actividad económica ejercida por el residente en el Estado contratante mencionado en primer lugar es sustancial en relación con la actividad económica ejercida por dicho residente o por la empresa relacionada en el otro Estado contratante. La determinación de si una actividad es sustancial o no a los efectos de este apartado se hará teniendo en cuenta los hechos y circunstancias.

c) A los efectos de este apartado, la actividad económica llevada a cabo por una sociedad de personas —partnerships— en la que la persona sea socia, y la actividad económica realizada por empresas relacionadas con la persona, se entenderán realizadas por la propia persona.

Versión detallada

3. a) Un residente de un Estado contratante podrá acogerse a los beneficios de este Convenio respecto de un elemento de renta procedente del otro Estado contratante, con independencia de que ese residente sea una persona calificada, si el residente ejerce activamente una actividad económica en el Estado contratante mencionado en primer lugar (distinta de la actividad de inversión o gestión de inversiones por cuenta propia, a menos que se trate de actividades bancarias, de seguros o de negociación de títulos llevadas a cabo por una entidad bancaria [lista de instituciones financieras equivalentes a los bancos que los Estados contratantes deseen tratar como tales], una sociedad aseguradora o una agencia de valores registrada respectivamente), y la renta procedente del otro Estado contratante se obtenga en relación con esa actividad o sea incidental a la misma.

b) Si un residente de un Estado contratante obtiene un elemento de renta a partir de una actividad económica ejercida por ese residente en el otro Estado contratante, u obtiene un elemento de renta procedente del otro Estado contratante y derivado de una empresa asociada, las condiciones descritas en el subapartado a) se entenderán cumplidas respecto de ese elemento de renta únicamente si la actividad económica ejercida por el residente en el Estado contratante mencionado en primer lugar es sustancial en relación con la actividad económica ejercida por dicho residente o empresa asociada en el otro Estado contratante. La determinación de si una actividad es sustancial o no a los efectos de este apartado se hará teniendo en cuenta los hechos y circunstancias.

c)A los efectos de la aplicación de este apartado, las actividades desarrolladas por personas relacionadas con una persona se considerarán desarrolladas por esa persona. Se entiende que una persona está relacionada con otra si posee una participación de al menos el 50 por ciento en la otra (o, en el caso de una sociedad, al menos el 50 por ciento de la totalidad de los derechos de voto y del valor de las acciones de la sociedad o de la participación en el capital de la sociedad) u otra persona posee una participación de al menos el 50 por ciento (o, en el caso de una sociedad, al menos el 50 por ciento de la totalidad de los derechos de voto y del valor de las acciones de la sociedad o de la participación en el capital de la sociedad) en cada persona. En cualquier caso, se entenderá que una persona está relacionada con otra si, de acuerdo con los hechos y circunstancias del caso, una de ellas tiene el control de la otra o ambas se encuentran bajo el control de la misma persona o personas.

Comentario a la versión detallada

44. El apartado 3 ofrece un test alternativo conforme al cual un residente de un Estado contratante puede acogerse a los beneficios del Convenio respecto de ciertos elementos de renta que estén relacionados con una actividad económica ejercida en su Estado de residencia. Este apartado reconoce que, cuando una

entidad residente de un Estado contratante ejerce activamente una actividad económica en dicho Estado, incluyendo las actividades realizadas por personas relacionadas, y obtiene renta procedente del otro Estado contratante en relación con esa actividad o siendo incidental a la misma, la concesión de los beneficios del Convenio respecto de dicha renta no suscita problemas desde la perspectiva del treaty shopping, independientemente de la naturaleza de la entidad y de sus propietarios. El apartado otorgará los beneficios del Convenio en un elevado número de situaciones en las cuales, de otro modo, los beneficios se denegarían en virtud del apartado 1, pues la entidad no constituiría una "persona calificada" conforme al apartado 2.

45. Un residente de un Estado contratante puede acogerse a los beneficios del Convenio conforme al apartado 3 independientemente de que pudiera hacerlo o no conforme al apartado 2. Según la disposición de actividad, una persona (generalmente una sociedad) tendrá derecho a los beneficios del Convenio si cumple dos condiciones: (1) ejerce activamente una actividad económica en su Estado de residencia; y (2) el pago por el cual se reclaman los beneficios guarda relación con esa actividad. En algunos casos, también se exige un requisito adicional: que la actividad tenga un volumen considerable en relación con la actividad llevada a cabo en el Estado de la fuente donde se genera la renta.

46. El subapartado a) establece la norma general de que un residente en un Estado contratante que ejerce una actividad económica en ese Estado puede acogerse a los beneficios del Convenio respecto de un elemento de renta procedente del otro Estado contratante. No obstante, dicho elemento de renta debe obtenerse en relación con esa actividad o ser incidental a la misma.

47. El término "actividad económica" no está definido y, en consecuencia, tendrá el significado que le atribuya la legislación interna conforme al apartado 2 del artículo 3. Con carácter general, se entenderá que una entidad ejerce una actividad económica únicamente si las personas a través de las cuales actúa la entidad (como sus directivos o empleados) llevan a cabo actividades de gestión y dirección sustanciales.

48. La inversión o la gestión de inversiones por cuenta del propio residente recibirá la consideración de actividad económica únicamente cuando se realice como parte de las actividades bancarias, de seguros o de negociación de títulos llevadas a cabo por un banco o institución financiera que los Estados contratantes consideren equivalente (como las cooperativas de crédito o las sociedades de crédito hipotecario), una sociedad aseguradora o una agencia de valores registrada respectivamente. Cuando dichas actividades las realicen personas distintas de entidades bancarias (o instituciones financieras consideradas equivalentes por los Estados contratantes), sociedades aseguradoras o agencias de valores registradas no recibirán la consideración de actividades económicas; como tampoco se considerarán actividades económicas cuando dichas actividades las lleven a cabo entidades financieras (o instituciones financieras consideradas equivalentes por los Estados contratantes), sociedades aseguradoras o agencias de valores registradas pero no como parte de su negocio de banca, seguros o negociación de títulos. Como una de las actividades propias que lleva a cabo la sede central consiste en la gestión de inversiones, se entenderá que una sociedad cuya actividad se limite a este tipo de operaciones no ejerce una actividad económica a los efectos del apartado 3.

49. Se entenderá que un elemento de renta se obtiene en relación con una actividad económica si la actividad que genera dicha renta en el Estado de la fuente es una línea de negocio que "forma parte" o "complementa" a la actividad realizada por el perceptor de la renta en su Estado de residencia.

50. Se considerará que una actividad económica forma parte de otra actividad realizada en el Estado de la fuente si ambas involucran el diseño, la manufactura o la venta de los mismos productos, el mismo tipo de productos, o la prestación de servicios similares. La línea de negocio del Estado de la residencia puede ser previa, paralela o posterior a la actividad realizada en el Estado de la fuente. De este modo, es posible que dicho negocio proporcione aportaciones al proceso de manufactura del Estado de la fuente, o que venda los resultados de dicho proceso de manufactura, o bien que venda el mismo tipo de productos que se venden en el Estado de la fuente. Los siguientes ejemplos ilustran estos principios:

- *Ejemplo 1: La sociedad A es residente en el Estado A, y ejerce una actividad de manufactura en dicho Estado. La sociedad A es titular del 100 por cien de las acciones de la sociedad B, residente en el Estado B. La sociedad B distribuye los productos de la sociedad A en el Estado B. Como las actividades realizadas por ambas sociedades involucran los mismos productos, se entenderá que la actividad de distribución de la sociedad B forma parte de la actividad de manufactura de la sociedad A.*

- *Ejemplo 2: Los hechos son los mismos que en el ejemplo 1, con la excepción de que la sociedad A no se dedica a la manufactura de productos, sino que gestiona un centro de investigación y desarrollo en el Estado A que concede licencias sobre derechos de propiedad intelectual a filiales de todo el mundo, incluida la sociedad B. La sociedad B y otras filiales se encargan de manufacturar y poner a la venta los productos diseñados por la sociedad A en sus respectivos mercados. Como las líneas de negocio de las sociedades A y B involucran la misma línea de productos, se entenderá que forman parte de la misma actividad.*

51. Para poder considerar que dos actividades son "complementarias", no es preciso que ambas tengan como objeto el mismo tipo de productos o servicios, pero sí han de formar parte del mismo sector, o deben estar relacionadas en el sentido de que el éxito o fracaso de una de ellas puede condicionar el éxito o el fracaso de la otra. Cuando en un Estado se lleve a cabo más de una actividad, y sólo una de ellas forme parte o complemente a la actividad realizada en el Estado de residencia, será necesario identificar a cuál de ellas se le puede atribuir el elemento de renta. Se entenderá que los cánones están conectados con la actividad a la que se pueda atribuir el intangible subyacente. Por su parte, se entenderá que los dividendos derivan, en primer lugar, de los beneficios procedentes de la actividad que recibe los beneficios del convenio y, en segundo lugar, del resto de beneficios. Por último, los intereses se podrán atribuirán conforme a cualquier método razonable.

- *Ejemplo 3. La sociedad C es residente del Estado C y opera una aerolínea internacional. La sociedad D, residente en el Estado D, es una filial enteramente participada por la sociedad C. La sociedad D gestiona una cadena de hoteles en el Estado D, hoteles que se ubican cerca de los aeropuertos donde llegan los vuelos operados por la sociedad C. La sociedad C vende habitualmente paquetes turísticos que incluyen el viaje en avión al Estado D y el alojamiento en los hoteles de la sociedad D. Aunque ambas sociedades ejercen activamente una actividad económica, el negocio de operar vuelos y el de gestionar hoteles constituyen negocios separados. Así pues, no se puede entender que la actividad económica de la sociedad D forme parte de la actividad de la sociedad C. No obstante, sí se puede entender que la actividad de la sociedad D es complementaria a la actividad de la sociedad C, pues ambas forman parte del mismo sector (viajes) y existe una relación de interdependencia entre ellas.*

- *Ejemplo 4. Los hechos son los mismos que en el ejemplo 3, sólo que ahora la sociedad D no es propietaria de una cadena hotelera sino de un edificio de oficinas en el otro Estado contratante. En dicho edificio de oficinas no se ejerce ninguna de las actividades de la sociedad C. Siendo así, no se puede considerar que la actividad de la sociedad D forme parte o complemente a la actividad de la sociedad C. Se trata de negocios distintos, pertenecientes a sectores diferentes, y entre los cuales no existe ninguna relación de dependencia económica.*

- *Ejemplo 5. La sociedad E es una sociedad residente en el Estado E. E produce y vende flores en el Estado E y en otros países. Dicha sociedad es propietaria de todas las acciones de la sociedad F, residente en el Estado F. La sociedad F es una sociedad tenedora de valores —holding— que no ejerce ninguna actividad más allá de ser propietaria de todas las acciones de tres sociedades residentes en el Estado F: las sociedades G, H e I. La sociedad G distribuye las flores de la sociedad E bajo la marca comercial de la sociedad E en el Estado F. La sociedad H comercializa una gama de productos para el cuidado del césped bajo la marca de la sociedad E en el Estado F. Además de venderse bajo la misma marca comercial, los productos de las sociedades G y H se venden en las mismas tiendas, y las ventas de los productos de cada sociedad tienden a generar una mayor venta de los productos de la otra. La sociedad I importa pescado desde el Estado E y lo distribuye a mayoristas del Estado F. A los efectos del apartado 3, la actividad de la sociedad G forma parte de la actividad de la sociedad E, la actividad de la sociedad H la complementa y, por su parte, la actividad de la sociedad I ni forma parte de ella ni la complementa.*

- *Ejemplo 6. La sociedad J es una sociedad residente del Estado J. Dicha sociedad produce y vende comida para bebés en el Estado J y en otros países. La sociedad J adquiere todas las acciones de la sociedad K, una sociedad residente en el Estado K que produce y distribuye mermelada y productos alimenticios similares. Ambas sociedades se dedican al sector de la alimentación, sus productos se venden en las mismas tiendas y la venta de los productos de una de ellas se vería afectada por cualquier incidente relacionado con la calidad de cualquiera de sus productos. Así pues, y a los efectos del apartado 3, se entenderá que la actividad de la sociedad K es complementaria a la actividad de la sociedad J.*

52. Se considerará que la obtención de un elemento de renta procedente del Estado de la fuente es "incidental" a la actividad llevada a cabo en el Estado de residencia si la generación de dicho elemento de renta favorece el ejercicio de la actividad en el Estado de residencia. Un ejemplo de renta incidental sería aquella derivada de una inversión temporal de capital de un residente de un Estado contratante.

53. El subapartado b) del apartado 3 establece una condición adicional a la regla general del subapartado a) en aquellos casos en que la actividad generadora del elemento de renta en cuestión se lleva a cabo, bien por la persona que obtiene la renta o bien por alguna empresa asociada. El subapartado b) exige que la actividad económica desarrollada en el Estado de la residencia sea sustancial en relación con la actividad desarrollada en el Estado de la fuente. Dicha exigencia trata de prevenir ciertos casos limitados de treaty shopping en los cuales una sociedad busca acceder a los beneficios del Convenio a través del ejercicio de una actividad de minimis relacionada con las actividades desarrolladas en su Estado de residencia (es decir, actividades que tienen un coste económico y un efecto reducidos en relación con el negocio general de la sociedad).

54. La determinación de si una actividad es sustancial o no se basará en todos los hechos y circunstancias, teniendo en cuenta el volumen comparativo de los negocios en cada Estado contratante, la naturaleza de las actividades desempeñadas en cada uno de ellos y la contribución relativa que supongan sus respectivas actividades para el negocio general. En cualquier caso, a la hora de hacer dicha determinación, deberá tenerse debidamente en cuenta el volumen de la economía y del mercado en ambos Estados contratantes.

- *Ejemplo 7. La sociedad L es una farmacéutica residente en el Estado L. Dicha sociedad se dedica tanto a la investigación y al desarrollo como a la manufactura, desempeñando ambas actividades en el Estado L. La sociedad O, residente en el Estado O, es propietaria de todas las acciones de la sociedad L. La sociedad L ha desarrollado diversos medicamentos contra la malaria, que son producidos, conforme a las patentes y bajo la marca comercial de la sociedad L, por parte de la sociedad M, residente en el Estado M. La sociedad L vende estos medicamentos, junto con otros que manufactura ella misma, en el Estado L y en otros Estados donde la malaria apenas existe. La sociedad M paga un canon a la sociedad L por el uso de la propiedad intelectual. Teniendo en cuenta la naturaleza de las actividades económicas desarrolladas en los Estados L y M y la contribución relativa de éstas al negocio, el canon podrá acceder a los beneficios del Convenio. También debe prestarse atención al hecho de que el mercado del Estado L para los medicamentos anti-malaria es muy reducido (pues está limitado a las personas que viajan a aquellas partes del mundo donde la malaria está extendida) en comparación con el mercado del Estado M. Teniendo en cuenta el mercado de cada Estado para esta medicación, así como otros hechos y circunstancias, se entenderá que la actividad llevada a cabo por la sociedad L en el Estado L es sustancial en relación con la actividad de la sociedad M en el Estado M.*

- *Ejemplo 8. La sociedad P, residente en el Estado P, un país en vías de desarrollo, ha desarrollado una gama de productos cosméticos que incorporan ingredientes procedentes de plantas que se encuentran fundamentalmente en el Estado P. La sociedad P es la propietaria de las patentes y de la denominación y marca comercial de estos cosméticos. La sociedad P se encuentra participada a partes iguales por tres accionistas: una sociedad residente en el Estado P, otra sociedad residente en el Estado Q y una tercera sociedad residente en el Estado R. La sociedad P cultiva y prepara las plantas en el Estado P. Después éstas son enviadas al Estado S (un Estado muy próspero donde existe una alta demanda de cosméticos de lujo), donde la sociedad S, filial de la sociedad P y residente en el Estado S, transforma dichas plantas en cosméticos. Más adelante, la sociedad T, también residente del Estado S, distribuye los cosméticos en dicho Estado bajo la denominación y marca comercial de la sociedad P (con la licencia pertinente concedida por dicha sociedad). La etiqueta de los cosméticos indica "hecho en el Estado S". Debido al tamaño relativamente pequeño de la economía del Estado P comparado con el tamaño de la economía del Estado S, se entenderá que la actividad desempeñada por la sociedad P en el Estado P es sustancial en relación con la actividad de las sociedades S y T en el Estado S.*

55. La determinación a la que hace referencia el subapartado b) debe hacerse de manera separada para cada elemento de renta. Así pues, puede ocurrir que una persona pueda acogerse a los beneficios del Convenio respecto de un elemento de renta pero no pueda hacerlo respecto de otro. Si un residente de un Estado contratante puede acceder a los beneficios del Convenio respecto de un particular elemento de renta conforme al apartado 3, podrá acceder a todos los beneficios del Convenio que sean aplicables a tal elemento de renta en el Estado de la fuente

56. La aplicación del requisito de sustancialidad solamente respecto de rentas procedentes de empresas asociadas busca combatir casos potenciales de abuso sin pretender obstaculizar otro tipo de actividades no abusivas, por mucho que el perceptor de la renta residente en un Estado contratante pueda tener un tamaño insignificante en relación con la entidad generadora de renta en el otro Estado contratante. Por ejemplo, si una pequeña firma dedicada a la investigación desarrolla un proceso y cede su licencia de uso a una gran sociedad manufacturera, no relacionada, residente en otro Estado, no se llevará a cabo una comparación entre el tamaño de la firma de investigación del primer Estado y el tamaño de la manufacturera. Del mismo modo, si un pequeño banco residente de un Estado concede un préstamo a una gran sociedad no relacionada que desempeña una actividad económica en el otro Estado, no será necesario pasar el test de sustancialidad para poder acceder a los beneficios del Convenio conforme al apartado 3.

57. El subapartado c) del apartado 3 establece normas especiales de atribución a los efectos de aplicar los test previstos en los subapartados a) y b). Estas normas tendrán relevancia a la hora de determinar si una persona cumple los requisitos estipulados en el subapartado a), es decir, si ejerce una actividad económica y el elemento de renta se obtiene en relación con dicha actividad, así como los requisitos estipulados en el subapartado b), es decir, la comparación que exige el test de "sustancialidad". El subapartado c) atribuye a una persona las actividades desarrolladas por personas "relacionadas" con la primera. Se entiende que una persona ("X") está relacionada con otra ("Y") si X posee una participación sobre los beneficios de la otra de al menos el 50 por ciento, o viceversa. A estos efectos, se considerará que X está relacionada con una sociedad si X es titular de acciones que representen al menos el 50 por ciento de la totalidad de los derechos de voto y del valor de la sociedad, o al menos el 50 por ciento de la participación en su capital. También se entenderá que X está relacionada con Y si una tercera persona posee al menos el 50 por ciento de los derechos de participación en los beneficios tanto de X como de Y. Si X o Y son una sociedad, el umbral requerido será al menos el 50 por ciento de la totalidad de los derechos de voto y del valor de la sociedad, o al menos el 50 por ciento de la participación en su capital. Por último, se entenderá que X está relacionada con Y si, de acuerdo con los hechos y circunstancias del caso, X controla a Y, Y controla a X o bien ambas están controladas por una misma persona o personas.

Beneficios derivados

Versión simplificada

3. Un residente de un Estado contratante que no reciba la consideración de persona calificada podrá sin embargo acogerse a un beneficio previsto por este Convenio respecto de un elemento de renta si personas que sean beneficiarios equiparables poseen, directa o indirectamente, más del 75 por ciento de los derechos de participación en los beneficios del residente.

Versión detallada

[4. Una sociedad residente de un Estado contratante también podrá acogerse a un beneficio previsto por este Convenio si, en el momento en el que se concedería el beneficio:

a) al menos el 95 por ciento de la totalidad de los derechos de voto y del valor de sus acciones (y al menos el 50 por ciento de cualquier categoría de acciones que den derecho a una participación desproporcionada en beneficios) pertenece, directa o indirectamente, a siete o menos beneficiarios equiparables, siempre que, en el caso de propiedad indirecta, cada propietario interpuesto sea a su vez un beneficiario equiparable, y

b) menos del 50 por ciento de la renta bruta de la sociedad, tal y como se determine en el Estado de residencia de ésta, durante el periodo impositivo que incluya ese momento, se paga o se devenga, directa o indirectamente, a personas que no sean beneficiarios equiparables en forma de pagos (excluyendo los pagos realizados en condiciones de plena competencia que se efectúan en el curso ordinario de un negocio por servicios o bienes tangibles) que sean deducibles a efectos de los impuestos comprendidos en el ámbito de este Convenio en el Estado de residencia de la sociedad.][11]

Comentario a la versión detallada

58. El apartado 4 establece un test de beneficios derivados potencialmente aplicable a todos los beneficios del Convenio, aunque el test aplica sobre elementos individuales de renta. Con carácter general, este test permite que una sociedad residente de un Estado contratante pueda acogerse a los beneficios del Convenio si el propietario de dicha sociedad hubiera podido optar a un beneficio similar o mejor si la renta en cuestión hubiera circulado directamente hacia él. Para cumplir este apartado, la sociedad debe cumplir también los test de propiedad y de erosión de la base.

59. El subapartado a) establece el test de propiedad. Conforme a este test, siete o menos beneficiarios equiparables deben ser titulares de acciones que representen al menos el 95 por ciento de la totalidad de los derechos de voto y del valor de las acciones de la sociedad y al menos el 50 por ciento de cualquier categoría de acciones que den derecho a una participación desproporcionada en beneficios. La propiedad puede ser directa o indirecta. El término "beneficiario equiparable" está definido en el subapartado f) del apartado 6.

60. El subapartado b) se corresponde con el test de erosión de la base. Una sociedad cumpliría dicho test si menos del 50 por ciento de su renta bruta (tal y como se determine ésta en su Estado de residencia) en el periodo impositivo en el que se concedería el beneficio, se paga o se devenga, directa o indirectamente, a una persona o personas que no sean beneficiarios equiparables, en forma de pagos deducibles a efectos de los impuestos del Estado de residencia de la sociedad. Dichas cuantías no incluyen los pagos realizados en condiciones de plena competencia que se efectúan en el curso ordinario de un negocio por servicios o bienes tangibles. Este test coincide con el test de erosión de la base previsto en el subapartado e) (ii) del apartado 2, salvo por el hecho de que el test del subapartado b) se centra en los pagos deducibles realizados a personas que no son beneficiarios equiparables.

61. Algunos Estados consideran que las disposiciones del apartado 4 generan un riesgo inaceptable de treaty shopping respecto de los pagos que sean deducibles en el Estado de la fuente. Estos Estados prefieren restringir el alcance del apartado 4 a los dividendos, que normalmente no son deducibles. Aquellos Estados que compartan esta postura podrán modificar la primera parte del apartado de la siguiente manera:

> *4. Una sociedad residente de un Estado contratante también podrá acogerse al beneficio que le correspondería de acuerdo con el artículo 10 de este Convenio si, en el momento en el que se concedería el beneficio:*

Concesión discrecional de beneficios

Versión simplificada.

5. Un residente de un Estado contratante que ni sea una persona calificada ni pueda acogerse a un beneficio del Convenio respecto de un elemento de renta conforme a los apartados 3 y 4, podrá acceder a dicho beneficio si la autoridad competente del Estado contratante al que se le reclama el beneficio, previa solicitud de dicho residente, determina, de acuerdo con su legislación interna o práctica administrativa, que el establecimiento, la adquisición o el mantenimiento de dicha persona y el desarrollo de sus operaciones no perseguía como uno de sus propósitos principales la obtención de dicho beneficio. La autoridad competente del Estado contratante que reciba la petición del residente del otro Estado contratante consultará con la autoridad competente de ese otro Estado antes de denegar dicha petición.

Versión detallada

5. Si un residente de un Estado contratante no pudiera acogerse a todos los beneficios del Convenio en virtud de las disposiciones previas de este artículo, la autoridad competente del Estado contratante que, en su caso, le hubiera tenido que conceder los beneficios, tratará sin embargo al residente como si tuviera derecho a estos beneficios o a los beneficios respecto de un particular elemento de renta o patrimonio si dicha autoridad competente, previa solicitud del residente y después de valorar todos los hechos y circunstancias pertinentes, determina que el establecimiento, adquisición o mantenimiento de dicho residente y el desarrollo de sus operaciones no tenía como uno de sus propósitos principales la obtención de los beneficios de este Convenio. La autoridad competente del Estado contratante que reciba la petición del residente del otro Estado contratante consultará con la autoridad competente de ese otro Estado contratante antes de denegar la petición realizada por el residente de acuerdo con este apartado.

Comentario a la versión detallada

62. El apartado 5 establece que, cuando un residente de uno de los Estados contratantes no pueda optar en un Estado contratante a todos los beneficios del Convenio conforme a los apartados 1 a 4 del artículo, dicho residente puede solicitar a la autoridad competente de ese Estado que le conceda tales beneficios. En ese caso, la autoridad competente le concederá esos beneficios si, tras valorar los hechos y circunstancias pertinentes, determina que ni el establecimiento, adquisición o mantenimiento del residente, ni el desarrollo de sus operaciones, tenían como uno de sus propósitos principales la obtención de los beneficios del Convenio.

63. En virtud de este apartado, un residente que no pueda acogerse los beneficios del Convenio de acuerdo con los apartados 1 a 4 y sin embargo tenga una relación sustancial con su Estado de residencia, teniendo en cuenta consideraciones adicionales a las planteadas en los test objetivos de los apartados 1 a 4, podrá acceder a los beneficios del Convenio cuando la concesión de éstos no sea contraria a los propósitos del Convenio. En el caso de una filial residente cuya matriz resida en un tercer Estado, aunque sería relevante el hecho de que el tipo de retención previsto en el Convenio no sea inferior al tipo de retención que correspondería conforme al convenio entre el Estado de la fuente y el tercer Estado, ese hecho no sería suficiente por sí mismo para entender cumplidos los requisitos de la cláusula de concesión discrecional. Del mismo modo, tampoco se considerará prueba suficiente de que la localización de un negocio en un Estado obedece a motivos económicos y no fiscales cuando una sociedad no residente se dedica a una actividad económica móvil como la financiación, o cuando la legislación interna de un Estado contratante ofrece un tratamiento fiscal especial a ciertas actividades desarrolladas en zonas especiales u offshore (por ejemplo, la concesión de licencias sobre intangibles). En tales casos, deben darse más factores empresariales favorables para poder concluir que existe una relación sustancial con ese Estado. El apartado 5 también establece que la autoridad competente del Estado que reciba la solicitud consultará con la autoridad competente del otro Estado antes de poder negarse a ejercer su facultad discrecional de conceder los beneficios al residente de ese otro Estado.

64. Para poder acceder a los beneficios del Convenio en virtud del apartado 5, la persona debe demostrar, hasta convencer a la autoridad competente del Estado al que le reclama los beneficios, que existen motivos empresariales claros, distintos de los fiscales, que justifican su formación, adquisición, mantenimiento y el desarrollo de sus operaciones en el otro Estado contratante. Los propósitos para el establecimiento, adquisición o mantenimiento de una persona y el desarrollo de sus operaciones son cuestiones de hecho que sólo podrán

dilucidarse caso por caso atendiendo a todas las circunstancias relevantes. No es necesario encontrar pruebas concluyentes sobre las intenciones de la persona, pero la autoridad competente debe ser capaz de concluir, tras un análisis objetivo de los hechos y circunstancias pertinentes, que ninguno de los propósitos principales del establecimiento, adquisición o mantenimiento de la persona y del desarrollo de sus operaciones era la obtención de los beneficios del Convenio. Aunque la autoridad no debería presuponer a la ligera que la obtención de estos beneficios constituía uno de sus principales propósitos, la persona tampoco puede esperar que la mera afirmación de que no estaba entre sus propósitos principales la obtención de los beneficios vaya a ser suficiente para acceder a ellos en virtud del apartado 5. Deben entregarse todas las pruebas a la autoridad competente para que ésta pueda decidir este punto.

65. La expresión "uno de sus propósitos principales" del apartado 5 significa que la obtención de los beneficios de un convenio no puede ser ni el único propósito ni uno de los dominantes para el establecimiento, adquisición o mantenimiento de una persona o el desarrollo de sus operaciones. Será suficiente con que al menos uno de los propósitos principales sea la obtención de dichos beneficios. Cuando la autoridad competente concluya que, teniendo en cuenta todos los hechos y circunstancias pertinentes, la obtención de los beneficios del Convenio ni fue uno de los motivos fundamentales ni justificaba el establecimiento, adquisición o mantenimiento de la persona o el desarrollo de sus operaciones, tratará a esta persona como si tuviera derecho a estos beneficios, o a aquellos relativos a un particular elemento de renta o patrimonio. No obstante, cuando el establecimiento, adquisición o mantenimiento de una persona o el desarrollo de sus operaciones se lleve a cabo con el propósito de obtener beneficios similares conforme a varios convenios, la obtención de los beneficios de esos otros convenios no debería impedir considerar que la obtención de los beneficios de un convenio era uno de los propósitos principales de estas operaciones.

65.1. La autoridad competente que reciba la solicitud prevista en el apartado 5 debería tramitarla con la mayor celeridad posible.

66. Aunque, con carácter general, el residente de un Estado contratante presentará la solicitud ante la autoridad competente del otro Estado contratante, puede haber casos en los que el residente solicite la concesión del beneficio a la autoridad competente de su propio Estado de residencia. Así ocurre en los casos en que el convenio estipula que es el Estado de residencia quien ha de conceder los beneficios solicitados, como por ejemplo los previstos en los artículos 23 A y 23 B en materia de eliminación de la doble imposición. En esos casos, el apartado no exige que la autoridad competente consulte con su homólogo del otro Estado antes de poder denegar la solicitud.

67. El apartado otorga una amplia discrecionalidad a la autoridad competente y, siempre y cuando la autoridad ejerza esta potestad discrecional de conformidad con los requisitos previstos en el apartado, no podrá considerarse que la decisión de la autoridad vulnera las disposiciones del Convenio (véase el apartado 1 del artículo 25). No obstante, el apartado exige a la autoridad competente que valore todos los hechos y circunstancias pertinentes antes de alcanzar una decisión, requiriéndole además que consulte con la autoridad competente del otro Estado contratante antes de poder denegar la solicitud de concesión de beneficios. La primera exigencia busca garantizar que la autoridad examine cada solicitud de forma individualizada, mientras que la segunda pretende garantizar que las autoridades traten casos similares de forma coherente y que sean capaces de justificar su decisión atendiendo a los hechos y circunstancias del caso en particular. No obstante, este proceso de consulta no exige que la autoridad competente que reciba la solicitud y la autoridad consultada alcancen un acuerdo. La determinación de que ni el establecimiento, adquisición o mantenimiento de la persona solicitante ni el desarrollo de sus operaciones tenía entre sus principales propósitos la obtención de los beneficios del Convenio es una decisión que se deja a la discreción de la autoridad competente que recibe la solicitud. Una vez se decida que así ocurre, la autoridad competente deberá conceder a la persona solicitante o bien todos los beneficios del Convenio o bien sólo algunos. Por ejemplo, es posible que conceda únicamente los beneficios respecto de un particular elemento de renta tal y como hace el apartado 3. Además, la autoridad competente puede establecer condiciones, como por ejemplo un límite temporal en el disfrute del beneficio.

68. La solicitud prevista en el apartado 5 puede presentarse antes (por ejemplo, mediante la petición de una decisión administrativa previa) o después del establecimiento, adquisición o mantenimiento de la persona sobre la cual se hace la solicitud. Cuando la solicitud se presente después, la autoridad competente puede conceder los beneficios de manera retroactiva.

69. Aunque es imposible establecer una lista detallada que englobe todos los hechos y circunstancias que podrían ser de relevancia para el análisis referido en el apartado 5, algunos ejemplos de hechos y circunstancias incluyen la historia, estructura, propietarios y operaciones de la persona residente que presenta la petición, si ésta es una entidad de larga tradición que ha sido adquirida recientemente por personas no residentes por motivos no fiscales, si la residente desempeña una actividad de negocio sustancial, si la renta de la residente por la cual se solicitan los beneficios está sujeta a doble imposición y si el establecimiento o uso de la residente genera una no imposición o una imposición reducida sobre la renta.

69.1. La publicación por parte de los Estados del perfil de casos que pueden optar o no a la concesión discrecional podría ser útil a los efectos de evitar peticiones infundadas y controlar la carga administrativa. No obstante, los requerimientos administrativos que los Estados contratantes impongan a los solicitantes no deberían disuadirles de presentar solicitudes en los casos en que exista una expectativa razonable de que los beneficios podrían concederse.

Definiciones

Versión simplificada

6. A los efectos de este artículo:

Versión detallada

6. A los efectos de las disposiciones previas de este artículo:

69.2. El apartado 6 incluye una serie de definiciones que son aplicables a los efectos del artículo. Estas definiciones complementan a aquellas incluidas en los artículos 3, 4 y 5 del Convenio, que se aplican a todo el Convenio.

El término "mercado de valores reconocido"

Versión simplificada

b) la expresión "mercado de valores reconocido" significa:

i) cualquier mercado de valores establecido y regulado como tal en la normativa de cualquiera de los Estados contratantes; y

ii) cualquier otro mercado de valores que acuerden las autoridades competentes de los Estados contratantes;

Versión detallada

a) la expresión "mercado de valores reconocido" significa:

i) [lista de los mercados de valores acordados al momento de la firma del Convenio]; y

ii) cualquier otro mercado de valores que acuerden las autoridades competentes de los Estados contratantes;

Comentario a la versión detallada

70. La definición de "mercado de valores reconocido" incluye en primer lugar aquellos mercados de valores acordados por ambos Estados contratantes a la firma del Convenio. Aunque esta disposición cubrirá con carácter general aquellos mercados de valores constituidos en los Estados contratantes en los cuales cotizan las acciones de sociedades y entidades cotizadas residentes de éstos Estados, no es necesario que los mercados de valores identificados en esta disposición estén constituidos en alguno de los Estados contratantes. La globalización de los mercados financieros y la prominencia de los grandes centros financieros han provocado que muchas sociedades coticen en más de un mercado de valores, incluyendo mercados que se encuentran fuera de sus Estados de residencia.

71. La definición también permite que las autoridades competentes de los Estados contratantes complementen, a través de un acuerdo ulterior, la lista de mercados de valores identificados a la firma del Convenio.

71.1. Los mercados de valores que se incluyan en la definición deberían imponer requisitos de cotización capaces de garantizar que las acciones de las entidades que cotizan en él se negocien de manera efectiva en dicho mercado. Los siguientes factores deberían ser tenidos en cuenta a la hora de decidir si un mercado de valores debería incluirse en la lista de la definición o debería añadirse a tal lista previo acuerdo entre autoridades competentes:

- *¿Cuáles son los requisitos/estándares exigidos a una sociedad para que pueda cotizar en el mercado de valores?*
- *¿Cuáles son los requisitos/estándares exigidos a una sociedad para mantener su cotización en el mercado de valores, incluyendo los estándares mínimos financieros?*
- *¿Cuáles son los requisitos exigidos a las sociedades que cotizan en el mercado de valores en materia de presentación y/o revelación de información anual/periódica?*

- *¿Cuál es el volumen de acciones que se negocia durante un año natural en el mercado de valores?*
- *¿Las normas que regulan el mercado de valores garantizan una negociación activa de los valores cotizados? En caso positivo, ¿cómo?*
- *¿Las sociedades que cotizan en el mercado de valores están obligadas a revelar con regularidad información financiera e información sobre hechos que puedan tener un impacto significativo en su situación financiera?*
- *¿Está disponible públicamente la información sobre el volumen de negociación de valores y el accionariado general de las sociedades que cotizan en el mercado de valores?*
- *¿Impone el mercado de valores algún requerimiento de tamaño mínimo, como un requisito mínimo de capitalización o de número de empleados, a aquellas sociedades que cotizan en él?*
- *¿Impone el mercado de valores un porcentaje mínimo de titularidad pública? En caso positivo, ¿cuál es la cuantía mínima?*
- *Para que una sociedad pueda cotizar en el mercado de valores, ¿se exige que sus acciones sean libremente negociables y deban ser abonadas en su totalidad?*
- *¿Está obligado el mercado de valores a revelar los precios de cotización de las sociedades que cotizan en él en un plazo determinado?*
- *¿Está el mercado de valores regulado o supervisado por una autoridad gubernamental del país en el que se sitúa?*
- *[En el caso de que se incorpore un nuevo mercado de valores a una lista preexistente:] ¿Por qué una sociedad preferiría cotizar en este mercado de valores en lugar de hacerlo en otro, incluidos aquéllos que eran "mercados de valores reconocidos" conforme al Convenio? Por ejemplo, ¿existen menos requisitos de gobernanza corporativo o menos requisitos de revelación de información financiera?*
- *[En el caso de que se incorpore un nuevo mercado de valores a una lista preexistente:] ¿Proporciona el nuevo mercado de valores un medio de captación de capital más eficiente? En caso positivo, ¿por qué?*

La expresión "categoría principal de acciones"

Versión simplificada

a) la expresión "categoría principal de acciones" significa la categoría o categorías de acciones de una sociedad que representen la mayoría del derecho de voto de la sociedad;

Versión detallada

b) la expresión "categoría principal de acciones" significa las acciones comunes u ordinarias de la sociedad, siempre y cuando dicha categoría represente la mayoría del derecho de voto y del valor de la sociedad.

Si ninguna categoría de acciones comunes u ordinarias representa por sí sola la mayoría del derecho de voto y del valor de la sociedad, se entenderá por "categoría principal de acciones" aquellas categorías cuya suma represente la mayoría del derecho de voto y del valor de la sociedad. En el caso de sociedades cotizadas que tengan una alianza estratégica, la categoría principal de acciones se determinará tras excluir las acciones con derechos especiales de voto emitidas como medio para establecer dicha alianza.

Comentario a la versión detallada

72. La definición de la expresión "categoría principal de acciones" se refiere a las acciones comunes u ordinarias de una sociedad, pero sólo si dichas acciones representan la mayoría tanto de los derechos de voto como del valor de la sociedad. Si una sociedad sólo tiene una categoría de acciones, ésta constituirá, como es natural, su "categoría principal de acciones". Si una sociedad tiene más de una categoría, será necesario establecer cuál o cuáles de ellas constituyen la "categoría principal de acciones", que será aquella categoría, o combinación de categorías, que representen la mayoría de los derechos de voto y del valor de la sociedad. En el caso de sociedades con múltiples categorías de acciones, cabe la posibilidad de que exista más de una combinación posible de categorías que representen la mayoría de los derechos de voto y del valor de la sociedad, en esos casos será suficiente con identificar una única combinación de categorías que cumpla las condiciones previstas en el subapartado c) del apartado 2 para que dicha sociedad pueda optar a los beneficios del Convenio conforme a dicha disposición (no se denegarán los beneficios a la sociedad cuando se pueda identificar una segunda combinación de categorías de acciones que representen la mayoría de los derechos de voto y del valor de la sociedad pero éstas no satisfagan las condiciones del subapartado c) del apartado 2).

73. La última parte de la definición señala una excepción respecto de las alianzas estratégicas entre dos sociedades cotizadas en bolsa, tal y como se define en el apartado g). En estos casos, las acciones con derechos especiales de voto emitidas como medio para implementar dicha alianza no deben ser tenidas en cuenta a la hora de determinar cuál es la categoría principal de acciones de estas sociedades.

Le expresión "categoría de acciones que den derecho a una participación desproporcionada en beneficios"

Versión detallada únicamente

c) la expresión "categoría de acciones que den derecho a una participación desproporcionada en beneficios" significa cualquier categoría de acciones de una sociedad residente en uno de los Estados contratantes que den derecho a los accionistas a una participación desproporcionadamente mayor, a través de dividendos, pagos por rescate o de otro modo, en los beneficios generados en el otro Estado contratante a partir de ciertos activos o actividades de la sociedad;

74. Según la definición de la expresión "categoría de acciones que den derecho a una participación desproporcionada en beneficios", relevante a los efectos del apartado 4 y de los subapartados c) y e) del apartado 2, una sociedad

posee acciones desproporcionadas si tiene acciones en circulación sujetas a unas condiciones que confieran a su titular derechos sobre una porción mayor de los beneficios de la sociedad procedentes del otro Estado contratante en comparación a la porción a la que tendría derecho en ausencia de dichas condiciones. De este modo, por ejemplo, una sociedad residente en un Estado contratante tiene una "categoría de acciones que dan derecho a una participación desproporcionada en beneficios" si algunas de sus acciones en circulación son "tracking shares" que den derecho al pago de unos dividendos calculados conforme a una fórmula que se aproxima al retorno que la sociedad obtiene a partir de sus activos utilizados en el otro Estado contratante. El siguiente ejemplo ilustra esta situación:

- ***Ejemplo: La sociedad A reside en el Estado A. Esta sociedad ha emitido acciones comunes y preferentes. Las comunes cotizan en el mercado de valores principal del Estado A. Por su parte, las preferentes no confieren derechos de voto a sus titulares pero sí les da derecho a recibir dividendos en la misma cuantía que los pagos de intereses que la sociedad A percibe de prestatarios no relacionados residentes en el Estado B. Todas las acciones preferentes son titularidad de un mismo accionista, residente de un tercer Estado con el cual el Estado B no tiene suscrito ningún convenio. Las acciones comunes representan más del 50 por ciento del valor de la sociedad A y el 100 por cien de sus derechos de voto. Como el titular de las acciones preferentes tiene derecho a recibir los pagos correspondientes a los intereses percibidos por la sociedad A y derivados del Estado B, dichas acciones constituyen una "categoría de acciones que dan derecho a una participación desproporcionada en beneficios" y, como además no cotizan con regularidad en ningún mercado de valores reconocido, no puede entenderse que la sociedad A reúne los requisitos para optar a los beneficios del Convenio conforme al subapartado c) del apartado 2.***

La expresión "sede principal de dirección y control"

Versión detallada únicamente

d) la "sede principal de dirección y control" de una sociedad estará ubicada en el Estado contratante donde la sociedad sea residente únicamente cuando sus directores ejecutivos y sus empleados de alta dirección ejerzan en ese Estado contratante, más que en cualquier otro, las responsabilidades del día a día vinculadas en mayor grado a la toma de decisiones estratégicas, financieras y operativas de la sociedad (incluyendo las de sus filiales directas e indirectas), y el personal asignado a esas personas realice en ese Estado contratante, más que en ningún otro, las actividades del día a día necesarias para la preparación y toma de esas decisiones;

75. La expresión "sede principal de dirección y control" resulta relevante a los efectos del subapartado c) del apartado 2. Este término debe distinguirse del concepto de "sede de dirección efectiva" empleado, antes de [fecha de la siguiente actualización], en el apartado 3 del artículo 4 y en algunas otras disposiciones, como el artículo 8 aplicable a buques y aeronaves. Algunos Estados interpretaban el concepto de "sede de dirección efectiva" como el lugar donde la

persona o personas con mayor rango (por ejemplo, el consejo de administración) tomaban las decisiones comerciales clave y las decisiones de gestión necesarias para el desarrollo del negocio de la sociedad. Por el contrario, el concepto de "sede principal de dirección y control" se refiere al lugar donde se ejercen las responsabilidades del día a día para la dirección de la sociedad (y sus filiales) La sede principal de dirección y control de una sociedad se ubicará en el Estado donde reside la sociedad sólo si sus directores ejecutivos y sus empleados de alta dirección ejercen en ese Estado contratante, más que en cualquier otro, las responsabilidades del día a día vinculadas en mayor grado a la toma de decisiones estratégicas, financieras y operativas de la sociedad (incluyendo las de sus filiales directas e indirectas), y el personal que asiste a la directiva en la toma de decisiones también se encuentra en dicho Estado. De esta manera, el test examina las actividades de las personas relevantes para establecer dónde se realizan éstas. En la mayoría de los casos, será condición necesaria, aunque no suficiente por sí sola, que la oficina central de la sociedad (es decir, el lugar donde se encuentran normalmente el director general y el resto de altos ejecutivos) se encuentre ubicada en el Estado contratante donde reside la sociedad.

76. A la hora de determinar cuál es la sede principal de dirección y control de una sociedad, es necesario establecer qué personas recibirán la consideración de "directores ejecutivos y empleados de alta dirección". En algunos países, no será necesario ir más allá de los ejecutivos que son miembros del consejo de administración (es decir, los denominados "consejeros internos"). Sin embargo, no tiene por qué ser así siempre. Si por ejemplo los empleados de las filiales toman decisiones estratégicas, financieras y operativas, se entenderá que éstos también serán relevantes a los efectos de este subapartado. Además, sería necesario tener en cuenta los derechos especiales de voto que habiliten a ciertas personas a tomar decisiones sin la participación de otras.

La expresión "instrumento de inversión colectiva"

Versión detallada únicamente

e) [posible definición de "instrumento de inversión colectiva"]; 1

[Nota al pie 1: Debería añadirse una definición a la expresión "instrumento de inversión colectiva" si se opta por incluir una disposición sobre los instrumentos de inversión colectiva en el apartado 2 (véase el subapartado 2f).];

77. Como señalaba la nota al pie al subapartado e), debería añadirse una definición de "instrumento de inversión colectiva" en el caso de incluir una disposición en materia de instrumentos de inversión colectiva en el subapartado f) del apartado 2. Dicha definición debería identificar los instrumentos de inversión colectiva de cada Estado contratante a las que sería de aplicación dicha disposición, y podría redactarse de la siguiente manera:

> *La expresión "instrumento de inversión colectiva" significa, en el caso de [Estado A], un/a [ ] y, en el caso de [Estado] B, un/a [ ], así como cualquier otro fondo de inversión, acuerdo o entidad constituida en cualquiera de los Estados contratantes que las autoridades competentes de dichos Estados acuerden tratar como instrumentos de inversión colectiva a los efectos de este apartado;*

78. Como explicaba el párrafo 6.22 del Comentario al artículo 1, se pretende que aquellas partes de la definición que hayan quedado abiertas incluyan referencias a las disposiciones pertinentes de la legislación tributaria o de la legislación reguladora de valores en cada Estado a los efectos de identificar aquellos IIC que deberían quedar cubiertos por el subapartado f) del apartado 2.

La expresión "beneficiario equiparable" 1

Versión simplificada

c) la expresión "beneficiario equiparable" se refiere a cualquier persona que pudiera acogerse, respecto de un elemento de renta, a un beneficio acordado por un Estado contratante de acuerdo con su legislación interna, este Convenio o cualquier otro instrumento internacional que fuera equivalente o más favorable que el previsto por este Convenio para ese elemento de renta, siempre que, si esa persona no fuera residente de ninguno de los Estados contratantes, el Estado contratante mencionado en primer lugar tuviera con el Estado de residencia de la persona un convenio en vigor para el intercambio efectivo y completo de información en materia tributaria. Para determinar si una persona es un beneficiario equiparable respecto de dividendos, se considerará que la persona es titular del mismo capital, acciones o derechos de voto sobre la sociedad distribuidora de los dividendos, según sea el caso, que la sociedad que reclama el beneficio respecto de los dividendos.

Versión detallada

[f) la expresión "beneficiario equiparable" se refiere a un residente de cualquier otro Estado siempre y cuando

i) A) hubiera podido acogerse a todos los beneficios de un convenio de doble imposición entre ese otro Estado y el Estado al cual se le reclaman los beneficios de este Convenio, conforme a disposiciones análogas a las recogidas en los subapartados a), b) o d) o la letra i) del subapartado c) del apartado 2 de este artículo, en la medida en que, si dicho convenio carece de una cláusula completa de limitación de beneficios, la persona habría podido acogerse a los beneficios de este Convenio conforme a los subapartados a), b), d) o la letra i) del subapartado c) del apartado 2 de este artículo si hubiera sido residente de uno de los Estados contratantes de acuerdo con el artículo 4 de este Convenio; y

B) respecto de la renta referida en los artículos 10, 11 y 12 de este Convenio, se habría beneficiado, en virtud de tal convenio, de un tipo de gravamen respecto del concreto elemento de renta (por el cual se reclaman los beneficios conforme a este Convenio) igual o inferior al tipo de gravamen aplicable de acuerdo con este Convenio; o

ii) sea un residente de un Estado contratante que tiene derecho a los beneficios de este Convenio en virtud del subapartado a), b) o d), o la letra i) del subapartado c) del apartado 2 de este artículo.]

[Nota al pie 1: La inclusión de una definición de "beneficiario equiparable" dependerá de si se incorpora el apartado 4 y de si se utiliza dicha expresión en el subapartado f) del apartado 2 en materia de instrumentos de inversión colectiva.]

Comentario a la versión detallada

79. La definición de "beneficiario equiparable" es relevante a los efectos del test de beneficios derivados del apartado 4 pero también puede serlo a los efectos del subapartado f) del apartado 2 en función de cómo se redacte esta norma.

80. En virtud de esta definición, una persona puede ser un "beneficiario equiparable" por dos vías alternativas.

81. De acuerdo con la primera alternativa, una persona puede recibir la consideración de beneficiario equiparable si tiene derecho a beneficios equiparables conforme al convenio entre el Estado de la fuente y el tercer Estado en el que la persona es residente. Esta alternativa exige dos condiciones. La primera, recogida en la letra i)A), es que la persona debe poder acogerse a esos beneficios equiparables conforme a un convenio aplicable. Para satisfacer dicho requisito, la persona debe tener derecho a todos los beneficios de <u>un</u> convenio entre el Estado contratante al que se le reclaman los beneficios de este Convenio y <u>un</u> tercer Estado, conforme a disposiciones análogas a las recogidas en los subapartados a), b) o d), o la letra i) del subapartado c) del apartado 2. Si el convenio en cuestión carece de una cláusula completa de limitación de beneficios, sólo se entenderá cumplido este requisito si la persona, de haber sido residente de cualquiera de los Estados contratantes, habría podido acogerse a los beneficios del convenio conforme a los test de los subapartados a), b) o d), o la letra i) del subapartado c) del apartado 2.

82. La segunda condición, prevista en la letra i)B), sólo es de aplicación respecto de los beneficios relativos a dividendos, intereses y cánones. De acuerdo con dicho requisito adicional, la persona habría podido acogerse a un tipo de gravamen igual o inferior al que le corresponde en virtud de este Convenio respecto de dicha renta. De esta manera, los tipos de gravamen que han de compararse son: (1) el tipo de gravamen que impondría el Estado de fuente si un residente del otro Estado contratante fuera una persona calificada y beneficiario efectivo de dicha renta; y (2) el tipo de gravamen que impondría el Estado de fuente si el residente del tercer Estado hubiera recibido la renta directamente del Estado de fuente.

83. El requisito de la letra i)A) de que una persona pueda acogerse a "todos los beneficios" de un convenio excluiría a aquéllas que únicamente pudieran acogerse a determinados beneficios respecto de ciertos tipos de renta. Suponga, por ejemplo, que la sociedad C, residente del Estado C, es la matriz de la sociedad A, residente en el Estado A. La sociedad C ejerce activamente un negocio en el Estado C y, por esa razón, tendría acceso a los beneficios del convenio entre los Estados C y B si recibiera dividendos directamente de una filial de la sociedad A en el Estado B. No obstante, esto no sería suficiente a efectos de la aplicación de la letra i)B) del convenio entre los Estados A y B. Además, la sociedad C no puede ser un beneficiario equiparable si únicamente tiene derecho a los beneficios respecto de ciertas rentas como consecuencia de la disposición de "beneficios derivados" del convenio entre los Estados A y C. Sin

embargo, sería posible "levantar el velo" de la sociedad C hasta llegar a la matriz para determinar si ésta sería un beneficiario equiparable.

84. La segunda alternativa para entender cumplido el test de "beneficiario equiparable", prevista en la letra ii), sólo está disponible para personas que residan en alguno de los Estados contratantes. Estas personas serían beneficiarios equiparables si pudieran acogerse a los beneficios del convenio en virtud de los subapartados a), b) o d), o la letra i) del subapartado c) del apartado 2. De esta manera, una persona física residente de un Estado contratante será un beneficiario equiparable independientemente de si hubiera podido recibir los mismos beneficios, o no, de haber recibido la renta directamente. Esta segunda alternativa aclara que, el hecho de que los propietarios de la sociedad sean residentes de un Estado contratante no impedirá que ésta pueda acceder a los beneficios del convenio conforme al apartado 4. Por ejemplo, si el 90 por ciento de una sociedad residente del Estado A pertenece a cinco sociedades residentes en el Estado C que cumplen los requisitos de la letra i) de la definición, y el 10 por ciento restante pertenece a una persona física residente del Estado A o B, la sociedad aún podría cumplir los requisitos del subapartado a) del apartado 4.

La expresión "alianza estratégica entre dos sociedades cotizadas en bolsa"

Versión detallada únicamente

g) la expresión "alianza estratégica entre dos sociedades cotizadas en bolsa" se refiere a un acuerdo conforme al cual dos sociedades cotizadas, aunque manteniendo personalidades jurídicas, accionariado y cotización separados, alinean su dirección estratégica y los intereses económicos de sus respectivos accionistas a través de:

i) el nombramiento de un consejo de administración común (o casi idéntico), salvo cuando los requisitos regulatorios lo impidan;

ii) dirección unificada de las operaciones de ambas sociedades;

iii) distribución equitativa de beneficios a los accionistas de acuerdo con un ratio de equiparación entre las dos sociedades, incluyendo el supuesto de liquidación de una o ambas sociedades;

iv) votación de los accionistas de ambas sociedades en un único órgano decisorio en aquellas cuestiones importantes que afecten a sus intereses comunes; y

v) garantías recíprocas, o apoyo financiero equivalente, para las obligaciones materiales u operaciones de cada una, salvo en los casos en que los requisitos regulatorios impidan dichas garantías o apoyo financiero;

85. La expresión "alianza estratégica entre dos sociedades cotizadas en bolsa" es relevante a los efectos de la definición del término "categoría principal de acciones", que a su vez es relevante a los efectos de la disposición del subapartado c) del apartado 2 que define qué sociedades cotizadas son "personas calificadas"

86. La definición se refiere a un tipo de acuerdo, adoptado por ciertas sociedades cotizadas, que refleja una puesta en común en la dirección, operaciones, derechos de los accionistas, propósito y misión a través de una serie de acuerdos entre dos

sociedades matrices, cada una de ellas con su propia cotización en bolsa, junto con disposiciones especiales en sus respectivos estatutos sociales, incluyendo en algunos casos, por ejemplo, la emisión de acciones con derechos especiales de voto. Conforme a estas estructuras, la posición de los accionistas de la sociedad matriz debería ser, en la medida de lo posible, la misma que si lo fueran de una única sociedad, con los mismos derechos a dividendos y los mismos derechos a participar en los activos de las sociedades en el caso de ser liquidadas. Las diferentes partes de la definición ilustran los rasgos característicos de este tipo de acuerdos.

El término "acciones"

Versión detallada únicamente

h) respecto de las entidades que no sean sociedades, el término "acciones" se refiere a las participaciones que serían comparables a las acciones.

87. El artículo no contiene una definición exhaustiva del término "acciones", que, conforme al apartado 2 del artículo 3, debería tener el significado que en ese momento le atribuya la legislación interna del Estado que esté aplicando el artículo. No obstante, el subapartado h) establece que el término "acciones", cuando se utilice respecto de entidades que no emiten acciones (por ejemplo, los fideicomisos —trust—), se refiere a participaciones análogas a las acciones. Éste sería el caso de las participaciones que dan derecho a sus titulares a una parte de las rentas o activos de una sociedad.]

La expresión "empresa relacionada"

Versión simplificada únicamente

d) una persona será una empresa relacionada con otra si, de acuerdo con todos los hechos y circunstancias, una tiene control sobre la otra o ambas se encuentran bajo el control de la misma persona o personas.

Modo de aplicación por las autoridades competentes

Versión simplificada únicamente

7. Las autoridades competentes de los Estados contratantes pueden llegar a un acuerdo sobre el modo de aplicación de este artículo mediante procedimiento amistoso

ii) Normas dirigidas a estructuras que tienen entre sus propósitos principales la obtención de los beneficios del convenio

26. Como se señaló anteriormente, la siguiente norma, que codifica principios ya reconocidos en el Comentario al artículo 1 del Modelo de Convenio Tributario de la OCDE, proporciona una herramienta más general para abordar casos de abuso de convenio, incluyendo aquellas situaciones de *treaty shopping* (como determinadas estrategias de financiación a través de sociedades instrumentales) que no quedan cubiertas por la norma específica anti-abuso prevista en el Subapartado A.1*(a)(i)* previo (el Comentario a la nueva norma incorpora una serie de cambios realizados sobre el Comentario incluido en la primera versión de este informe publicada en septiembre de 2014):

ARTÍCULO X

ACCESO A LOS BENEFICIOS

[*Apartados 1 a 6: véase el Subapartado* A.1*(a) (i) arriba*]

7. No obstante las restantes disposiciones de este Convenio, no se concederá un beneficio en virtud de este Convenio respecto de un elemento de renta o patrimonio si resulta razonable concluir, a la vista de todos los hechos y circunstancias pertinentes, que la obtención de ese beneficio era uno de los propósitos principales de cualquier acuerdo u operación que tuviera como resultado, directa o indirectamente, la obtención de ese beneficio, a menos que se determine que la concesión de dicho beneficio en tales circunstancias sería conforme con el objeto y finalidad de las disposiciones en cuestión del presente Convenio.

Comentario

1. El apartado 7 reproduce las directrices recogidas en los párrafos 9.5, 22, 22.1 y 22.2 del Comentario al artículo 1. De acuerdo con ellas, los beneficios de un convenio tributario no deberían estar disponibles cuando uno de los propósitos principales de ciertas operaciones o acuerdos sea la obtención de un beneficio del convenio y su concesión, en esas circunstancias, sea contraria al objeto y a la finalidad de las disposiciones pertinentes del convenio. El apartado 7 codifica los principios que subyacen en estos párrafos y los incorpora al propio Convenio para permitir que los Estados combatan los casos de uso indebido del Convenio, incluso cuando su legislación interna no les permita hacerlo de acuerdo con los párrafos 22 y 22.1 del Comentario al artículo 1; igualmente confirma la aplicabilidad de dichos principios en el caso de Estados cuyas normas internas sí les permiten hacer frente a dichas situaciones.

2. Las disposiciones del apartado 7 tienen como efecto la denegación de un beneficio previsto en el convenio cuando uno de los propósitos principales de un acuerdo u operación sea la obtención de dicho beneficio. Cuando éste sea el caso, el último inciso del apartado permite a la persona a la que se deniega el beneficio la posibilidad de demostrar que la obtención del beneficio en esas circunstancias sería conforme con el objeto y la finalidad de las disposiciones pertinentes de este Convenio.

3. El apartado 7 complementa las disposiciones de los apartados 1 a 6 (la cláusula de limitación de beneficios) sin restringir en modo alguno su alcance o aplicabilidad: cuando se deniegue un beneficio conforme a dichos apartados, éste no será un "beneficio en virtud de este Convenio" que el apartado 7 deba denegar igualmente. Además, las directrices recogidas en el Comentario al apartado 7 no deberían ser utilizadas para interpretar los apartados 1 a 6 ni viceversa.

4. Dicho a la inversa, el hecho de que una persona pueda optar a los beneficios del convenio en virtud de los apartados 1 a 6 no significa que dichos beneficios no puedan ser denegados de acuerdo con el apartado 7. Los apartados 1 a 6 son normas que se concentran principalmente en la naturaleza jurídica del residente del Estado contratante, sus propietarios y sus actividades generales. Como ilustra el ejemplo del próximo párrafo, estas normas no suponen que una operación u acuerdo realizado por dicho residente no pueda constituir un uso indebido de una disposición del convenio.

5. El apartado 7 debe leerse en el contexto de los apartados 1 a 6 y del resto del Convenio, incluido su preámbulo. Esto resulta de particular importancia a los efectos de determinar cuál es el objeto y finalidad de las disposiciones correspondientes del Convenio. Suponga, por ejemplo, que una sociedad cuyas acciones cotizan con regularidad en un mercado de valores reconocido del Estado contratante del que la sociedad es residente obtiene renta procedente del otro Estado contratante. En la medida en que la sociedad sea una "persona calificada" en los términos del apartado 2, es evidente que no deberían negarse los beneficios del Convenio únicamente por razón de su estructura accionarial, por ejemplo, si la mayoría de sus accionistas no fueran residentes del mismo Estado. El objeto y la finalidad del subapartado 2 c) es establecer un umbral para el acceso al convenio por parte de sociedades cotizadas cuyas acciones son propiedad de residentes de diferentes Estados. No obstante, el hecho de que dicha sociedad reciba la consideración de persona calificada no implica que los beneficios no puedan denegarse de acuerdo con el apartado 7 por razones ajenas a la estructura accionarial de dicha sociedad. Suponga, por ejemplo, que dicha sociedad cotizada es un banco que sigue una estrategia de financiación a través de sociedades instrumentales que busca proporcionar indirectamente a un residente de un tercer Estado un beneficio del convenio consistente en un gravamen más reducido en fuente. En tal caso, el apartado 7 denegaría el beneficio, pues al interpretar el subapartado 2 c) en el contexto del resto del Convenio y particularmente de su preámbulo, cabe concluir que éste no tiene el propósito, compartido por ambos Estados contratantes, de autorizar operaciones de treaty shopping (captación de convenios) realizadas por sociedades cotizadas.

6. Las disposiciones del apartado 7 establecen que un Estado contratante puede denegar los beneficios de un convenio tributario cuando sea razonable concluir, a la vista de todos los hechos y circunstancias pertinentes, que uno de los propósitos principales de un acuerdo u operación era la obtención de un beneficio en virtud del convenio. La disposición pretende garantizar que los convenios se utilizan de acuerdo con el propósito para el cual se celebraron, es decir, proporcionar beneficios respecto de intercambios de bienes y servicios y movimientos de capital y personas realizados de buena fe, y no respecto de acuerdos cuyo propósito principal es la obtención de un tratamiento fiscal más favorable.

7. El término "beneficio" engloba todas aquellas limitaciones (por ejemplo, reducciones, exenciones, diferimientos o devoluciones de impuestos) sobre el gravamen impuesto por el Estado de la fuente en virtud de los artículos 6 a 22 del Convenio, la corrección de la doble imposición prevista en el artículo 23 y la protección otorgada a los residentes y nacionales de un Estado contratante en virtud del artículo 24, así como otras limitaciones similares. Esto engloba, por ejemplo, las limitaciones sobre la potestad tributaria de un Estado contratante respecto de dividendos, intereses o cánones que proceden de su Estado y se abonan a un residente del otro Estado contratante (el beneficiario efectivo) de acuerdo con los artículos 10, 11 ó 12. También abarca las limitaciones sobre la potestad tributaria de un Estado contratante sobre una ganancia de capital derivada de la enajenación de propiedad mobiliaria localizada en ese Estado hecha por un residente del otro Estado contratante de acuerdo con el artículo 13. Cuando un convenio recoja limitaciones adicionales (como una norma que prevea la concesión de crédito por impuestos no pagados —tax sparing—) las disposiciones de este artículo serán igualmente aplicables a tal beneficio.

8. La expresión "que tuviera como resultado, directa o indirectamente, la obtención de ese beneficio" es deliberadamente amplia, buscando cubrir los casos en que la persona que reclama la aplicación del beneficio de un convenio lo hace respecto de una operación diferente de aquélla que tenía dentro de sus propósitos principales la obtención de dicho beneficio. El siguiente ejemplo ilustra esta situación:

> *La sociedad T, residente del Estado T, ha adquirido todas las acciones y deudas de la sociedad S, residente en el Estado S, que previamente pertenecían a la matriz de la sociedad S. Esto incluye un préstamo concedido a la sociedad S al 4 por ciento de interés, exigible a voluntad del prestamista. El Estado T carece de convenio con el Estado S y, por tanto, cualquier interés pagado de S a T queda sujeto a un tipo de retención del 25 por ciento conforme a la legislación interna del Estado S. No obstante, de acuerdo con el convenio en vigor entre el Estado R y el Estado S, no se puede practicar ninguna retención sobre un interés pagado a una sociedad residente del otro Estado contratante y beneficiaria efectiva del mismo; además, dicho convenio carece de disposiciones análogas a los apartados 1 a 6. La sociedad T decide transferir el préstamo a la sociedad R, una filial residente en el Estado R, a cambio de tres pagarés exigibles a voluntad del acreedor con un interés del 3,9 por ciento.*

En este ejemplo, aunque la sociedad R reclama los beneficios del convenio entre los Estados R y S respecto de un préstamo acordado por motivos económicos válidos, si los hechos del caso demuestran que uno de los propósitos principales de la transferencia del préstamo de la sociedad T a la sociedad R era la obtención de los beneficios del convenio en vigor entre los Estados R y S, esta disposición provocaría la denegación de dicho beneficio, pues ha sido el resultado indirecto de la transferencia del préstamo.

9. Los términos "acuerdo u operación" deberían interpretarse en sentido amplio, para así cubrir cualquier acuerdo, interpretación, estrategia, operación o conjunto de operaciones, sean o no jurídicamente exigibles. En especial, deberían cubrir la generación, asignación, adquisición o transferencia de renta, propiedad o de derechos por los cuales se devengue renta. Estos términos también abarcan el acuerdo sobre el establecimiento, adquisición o mantenimiento de una persona que obtiene renta, incluyendo la calificación de tal persona como residente de uno de los Estados contratantes y todos los actos realizados para establecer la residencia. Por ejemplo, un "acuerdo" englobaría todos aquellos actos dirigidos a garantizar que las reuniones del consejo de administración de una sociedad se celebran en un país diferente para así reclamar que la sociedad ha cambiado su residencia. En ocasiones, una única operación puede dar lugar a un beneficio, en otras, esa operación puede actuar en conjunción con otra serie de operaciones más elaboradas que, combinadas, den lugar al beneficio. En ambos casos las disposiciones del apartado 7 pueden ser de aplicación.

10. Para averiguar si uno de los propósitos principales de una persona es la obtención los beneficios del Convenio a través de un acuerdo u operación, resulta esencial llevar a cabo un análisis objetivo de las metas y objetivos de todas las personas involucradas (o que hayan participado) en poner en marcha dicho acuerdo u operación. La determinación de los propósitos de un acuerdo u operación es una cuestión de hecho a la que sólo se puede dar respuesta analizando, caso por caso, todas las circunstancias que rodean dicho acuerdo o actividad. No es necesario encontrar pruebas concluyentes sobre la intención de la persona involucrada en el acuerdo u operación, pero debe ser posible concluir, tras un análisis objetivo de los hechos y circunstancias pertinentes, que uno de los propósitos principales del acuerdo u operación era la obtención de los beneficios del convenio. No obstante, no debe presuponerse a la ligera que la obtención de los beneficios constituía uno de los propósitos principales del acuerdo u operación, pues una mera comprobación de los efectos del acuerdo u operación generalmente no permitirá extraer conclusiones válidas sobre sus propósitos. Sin embargo, cuando la única explicación racional de la existencia de un acuerdo sea que éste permite el acceso a un beneficio del convenio, se podrá concluir que uno de sus propósitos principales era la obtención de dicho beneficio.

11. Una persona no puede esquivar la aplicación de este apartado simplemente afirmando que el acuerdo u operación no se realizó con el propósito de obtener de los beneficios del Convenio. Por el contrario, deberán ponderarse todas las pruebas disponibles a los efectos de decidir si es posible llegar a la conclusión de que un acuerdo u operación se realizó por dicho propósito. Dicha decisión debe ser razonable, lo que implica que han de examinarse con objetividad todas las posibles interpretaciones de los hechos del caso.

12. La expresión "uno de los propósitos principales" del apartado 7 significa que la obtención del beneficio del convenio no tiene por qué ser el único o el más importante de los propósitos de un acuerdo u operación particular. Será suficiente con que sea al menos uno de los propósitos principales. Por ejemplo, una persona puede vender una propiedad por diversas razones pero, si antes de la venta, dicha persona se convierte en residente de uno de los Estados contratantes y uno de los propósitos principales de este cambio de residencia es la obtención de un beneficio del convenio, el apartado 7 podría ser de aplicación a pesar de que pueda haber más razones que motiven el cambio de residencia, como la facilitación de la venta o la reinversión de las ganancias derivadas de ésta.

13. No se considerará que un propósito es principal si es posible concluir, teniendo en cuenta todos los hechos y circunstancias pertinentes, que la obtención de dicho beneficio ni fue uno de los motivos fundamentales ni serviría para justificar la operación o el acuerdo que ha dado lugar, por sí solo/a o en conjunción con otros/as, al beneficio. En particular, cuando un acuerdo esté indisolublemente ligado a una actividad comercial central, y su forma no haya sido concebida teniendo en mente la obtención de un beneficio, es poco probable que pueda entenderse que su propósito principal era la obtención de ese beneficio. Cuando, sin embargo, se celebre un acuerdo con el propósito de obtener beneficios similares en virtud de una serie de convenios, no debería entenderse que este hecho impide considerar que la obtención de un beneficio en virtud de un convenio era uno de los propósitos principales de dicho acuerdo. Suponga, por ejemplo, que un contribuyente residente del Estado A celebra un acuerdo de canalización de rentas con una institución financiera residente del Estado B para que dicha institución invierta, en beneficio del contribuyente, en bonos emitidos en un gran número de Estados con los que el Estado B (pero no el A) tiene suscritos convenios en vigor. Si los hechos y circunstancias revelan que uno de los propósitos principales de dicho acuerdo fue la obtención de los beneficios de estos convenios, no debería entenderse que la obtención de un beneficio en virtud de un convenio específico no constituía uno de los propósitos principales de dicho acuerdo. De la misma manera, tampoco debería poder argumentarse que el propósito principal de una operación era eludir una norma interna y que, por tanto, la obtención del beneficio del convenio constituía un simple propósito accesorio.

14. Los siguientes ejemplos ilustran la aplicación del apartado (los ejemplos incluidos en el párrafo 19 más adelante también deberían ser tenidos en cuenta a la hora de establecer si el apartado sería de aplicación, y en su caso cuándo, respecto de las estrategias de canalización de rentas a través de sociedades instrumentales):

- *Ejemplo A: La sociedad T, residente en el Estado T, es propietaria de acciones sobre la sociedad S, que a su vez cotiza en un mercado de valores del Estado S. El Estado T no tiene suscrito un convenio con el Estado S y, por ende, cualquier dividendo que la sociedad S pague a la sociedad T quedaría sujeto a un tipo de retención en fuente del 25 por ciento de acuerdo con la legislación interna del Estado S. Sin embargo, conforme al convenio entre los Estados R y S, no cabría imponer retención alguna sobre los dividendos pagados por un residente de un Estado contratante cuando el beneficiario efectivo del dividendo resida en el otro Estado contratante. La sociedad T llega a un acuerdo con la sociedad R, una institución financiera independiente residente en el Estado R, conforme al cual la sociedad T atribuye a la sociedad R el derecho a percibir dichos dividendos, que si bien ya han sido anunciados todavía no han sido pagados por la sociedad S.*

  En este ejemplo, a falta de otros hechos y circunstancias que demuestren lo contrario, sería razonable concluir que uno de los propósitos principales del acuerdo (a través del cual la sociedad T atribuía a la sociedad R el derecho a percibir los dividendos) era la obtención del beneficio del convenio entre los Estados R y S, consistente en la exención del gravamen en fuente de los dividendos, y que la concesión del beneficio como consecuencia de este acuerdo de treaty shopping sería contraria al objeto y la finalidad de dicho convenio.

- *Ejemplo B: La sociedad S, residente en el Estado S, es filial de la sociedad T, residente en el Estado T. El Estado T carece de convenio en vigor con el Estado S y, en consecuencia, todo dividendo pagado de la sociedad S a la sociedad T quedaría sujeto a una retención en fuente del 25 por ciento de acuerdo con la legislación interna del Estado S. Sin embargo, el tipo de retención aplicable a dichos dividendos conforme al convenio entre los Estados R y S sería del 5 por ciento. La sociedad T celebra un acuerdo con la sociedad R, una institución financiera residente en el Estado R y que además tiene la consideración de persona calificada conforme al subapartado 3 a) de este artículo. Según dicho acuerdo, la sociedad R adquiere en usufructo unas acciones preferentes sin derecho de voto y de nueva emisión sobre la sociedad S por un periodo de tres años. La sociedad T se mantiene como nudo propietario de dichas acciones. El usufructo le otorga a la sociedad R el derecho a percibir los dividendos vinculados a dichas acciones. La cuantía pagada por la sociedad R para adquirir el usufructo se corresponde con el valor actual de los dividendos a pagar por los próximos tres años (descontando el tipo de interés al cual la sociedad T podría endeudarse con la sociedad R).*

En este ejemplo, y a falta de otros hechos y circunstancias que demuestren los contrario, sería razonable concluir que uno lo de los propósitos principales del acuerdo (a través del cual la sociedad R adquiría el usufructo sobre las acciones preferentes emitidas por la sociedad S) era la obtención del beneficio del convenio entre los Estados R y S, consistente en la limitación del gravamen en fuente de los dividendos al 5 por ciento, y que la concesión del beneficio como consecuencia de este acuerdo treaty shopping sería contraria al objeto y la finalidad del convenio.

- *Ejemplo C: la sociedad R, residente del Estado R, se dedica a la producción de dispositivos electrónicos, negocio que se encuentra en plena expansión. Ahora está valorando la posibilidad de abrir una fábrica en un país en vías de desarrollo para así beneficiarse de unos costes de producción más bajos. Tras un estudio preliminar, se proponen diferentes localizaciones para la fábrica en tres países distintos. Los tres países ofrecen un entorno económico y político semejante pero, teniendo en cuenta que el Estado S es el único de los tres que tiene suscrito un convenio tributario con el Estado R, se opta finalmente por abrir la fábrica en dicho Estado.*

  En este ejemplo, aunque se toma la decisión de invertir en el Estado S teniendo en cuenta los beneficios que ofrece el convenio entre los Estados R y S, es evidente que los propósitos principales de realizar tal inversión e instalar la fábrica están relacionados con la expansión del negocio de la sociedad R y con la intención de reducir costes de producción. En consecuencia, no es posible llegar a la conclusión de que uno de los propósitos principales de instalar la fábrica era la obtención de los beneficios del convenio. Además, teniendo en cuenta que una de las finalidades generales de los convenios tributarios es el fomento de la inversión transfronteriza, la concesión de tales beneficios sería conforme con el objeto y la finalidad de las disposiciones de ese convenio.

- *Ejemplo D: la sociedad R, un instrumento de inversión colectiva residente del Estado R, gestiona una cartera de inversiones en el mercado financiero internacional. Actualmente, el 15 por ciento de su cartera está compuesto por acciones de sociedades residentes en el Estado S, acciones que dan lugar al pago anual de dividendos. De acuerdo con el convenio entre los Estados R y S, la retención aplicable en fuente a los dividendos se ve reducida del 30 al 10 por ciento.*

  La sociedad R, a la hora de tomar las decisiones de inversión, tiene en consideración los beneficios fiscales que ofrece la amplia red de convenios firmados por el Estado R. La mayoría de los inversores en la sociedad R son residentes del Estado R, pero algunos (la minoría) lo son de Estados con los que el Estado S no tiene suscrito ningún convenio. La decisión de los inversores de invertir en la sociedad R no viene determinada por ninguna inversión en particular realizada por la sociedad R, como tampoco la situación tributaria de sus inversores condiciona la estrategia de inversión seguida por dicha sociedad. La sociedad R distribuye prácticamente la totalidad de sus beneficios a sus inversores, tributando en el Estado R por los beneficios no distribuidos durante el año. Cuando la sociedad R optó por invertir en acciones de sociedades residentes en el Estado S, la sociedad R tuvo en cuenta la existencia de un beneficio previsto en el convenio entre los Estados R y S respecto de los dividendos, pero este hecho resulta insuficiente por sí solo para desencadenar la aplicación del apartado 7. El objetivo de los convenios es proporcionar beneficios fiscales para estimular la inversión transfronteriza y, por lo tanto, a la hora de decidir si el apartado 7 debe ser aplicable o no ante una inversión concreta, resulta necesario estudiar el contexto en el que se hizo dicha inversión. Es este ejemplo, a menos que la inversión de la sociedad R sea parte de una estrategia o esté relacionada con otra operación cuyo propósito principal era la obtención del beneficio del convenio, no sería razonable denegar el beneficio del convenio entre los Estados R y S a la sociedad R.

- *Ejemplo E: la sociedad R es residente del Estado R y, en los últimos 5 años, ha sido titular del 24 por ciento de las acciones de la sociedad S, residente del Estado S. Tras la entrada en vigor del convenio entre los Estados R y S (cuyo artículo 10 es idéntico al artículo 10 de este Modelo), la sociedad R decide incrementar su porcentaje de participación hasta el 25 por ciento. Los hechos y circunstancias del caso revelan que la decisión de adquirir estas acciones adicionales se ha tomado fundamentalmente para beneficiarse de un tipo de retención más bajo de acuerdo con el artículo 10(2)a) del convenio.*

  En ese caso, aunque uno de los propósitos principales de la compra de acciones era claramente la obtención del beneficio previsto en el artículo 10(2)a), el apartado 7 no sería aplicable porque se puede entender que la concesión del beneficio en dichas circunstancias sería conforme con el objeto y finalidad del artículo 10(2)a). Dicho subapartado recoge un umbral arbitrario del 25 por ciento a los efectos de establecer qué accionistas pueden beneficiarse de un tipo reducido de retención sobre los dividendos y, en consecuencia, sería coherente conceder tal beneficio a un contribuyente que, de facto, incrementa su participación en una sociedad para así satisfacer dicho requisito.

- *Ejemplo F: la sociedad T es una sociedad cotizada residente del Estado T. Su negocio en tecnologías de la información, desarrollado en el Estado T, ha crecido considerablemente en los últimos años como resultado de una política ambiciosa de fusiones y adquisiciones seguida por la dirección de la sociedad. La sociedad R, residente en el Estado R (un Estado que ha celebrado múltiples convenios que ofrecen un gravamen en fuente reducido o nulo para los dividendos y cánones), es la sociedad tenedora de valores —holding— de propiedad familiar de un grupo corporativo igualmente dedicado al sector de la tecnologías de la información. Casi todas las acciones de la sociedad R son propiedad de personas residentes del Estado R familiares del emprendedor que inicialmente lanzó y desarrolló el negocio del grupo corporativo. Los principales activos de la sociedad R comprenden tanto las acciones de filiales situadas en países vecinos, incluyendo la sociedad S que reside en el Estado S, como las patentes desarrolladas en el Estado R y cedidas a estas filiales. La sociedad T, desde hace mucho tiempo interesada en adquirir el negocio del grupo R y sus patentes, ha hecho una oferta para adquirir todas las acciones de la sociedad R.*

En este ejemplo, a falta de otros hechos y circunstancias que demuestren lo contrario, sería razonable concluir que los propósitos principales para adquirir dichas acciones están más vinculados con la expansión del negocio de la sociedad T que con la obtención de los beneficios del convenio entre los Estados R y S. El hecho de que la sociedad R actúe principalmente como una sociedad tenedora de valores —holding— no altera este resultado. Una vez adquiridas las acciones, es posible que la dirección de la sociedad T tenga en cuenta los beneficios previstos en el convenio entre los Estados R y S a la hora de decidir si mantener dentro de la sociedad R las acciones sobre la sociedad S y las patentes cedidas a dicha filial. No obstantes, estas consideraciones no alteran el propósito de la operación en cuestión, que es la adquisición de las acciones.

- *Ejemplo G: la sociedad T es una sociedad cotizada residente del Estado T y propietaria, directa o indirectamente, de varias filiales en diferentes países. La mayoría de estas filiales desarrollan el negocio del grupo T en sus respectivos mercados locales. En una región, la sociedad T es propietaria de cinco filiales ubicadas en países vecinos. La sociedad T valora la posibilidad de constituir una sociedad regional con la intención de que ésta preste servicios del grupo a estas filiales, incluyendo servicios de gestión como contabilidad, asesoría legal y recursos humanos; servicios financieros y de tesorería como la gestión de los riesgos de divisa y los acuerdos de cobertura de riesgos, y otros servicios no financieros relacionados. Tras valorar diferentes ubicaciones, la sociedad T opta por constituir dicha sociedad regional en el Estado R bajo el nombre de sociedad R. Esta decisión viene impulsada por diversos factores presentes en el Estado R: la presencia de mano de obra cualificada, un sistema jurídico fiable, un entorno favorable para los negocios, estabilidad política, pertenencia a una agrupación regional, una industria bancaria desarrollada y una red amplia de convenios de doble imposición, incluyendo los convenios suscritos con los otros cinco Estados donde la sociedad T tiene filiales, todos ellos ofreciendo tipos reducidos de gravamen en fuente.*

  En este ejemplo, para llegar a una conclusión sobre los propósitos de la sociedad T a la hora de constituir la sociedad R, no bastará con examinar los efectos que los convenios desplegarán sobre futuros pagos de las filiales a la sociedad regional. Presuponiendo que los servicios intragrupo prestados por la sociedad R, incluyendo la toma de decisiones necesarias para llevar a cabo su negocio, constituyen un negocio real a través del cual la sociedad R ejerce funciones económicas sustantivas, utilizando activos reales y asumiendo riesgos reales, y que dichas funciones las ejerce el propio personal de la sociedad R en el Estado R, no sería razonable denegar los beneficios de los convenios suscritos entre el Estado R y los otros cinco Estados donde residen las filiales, a menos que existan otros hechos que indiquen que la constitución de la sociedad R responde a otros fines fiscales o a menos que la sociedad R realice operaciones sobre las que el apartado 7 resultaría aplicable (véase el ejemplo F del párrafo 15 respecto de intereses y otras remuneraciones que la sociedad R puede obtener de sus actividades financieras intragrupo).

- *Ejemplo H: la sociedad T es una sociedad residente en el Estado T que cotiza en el mercado de valores de dicho Estado. Es la matriz de una empresa multinacional dedicada a múltiples actividades empresariales a nivel global (venta mayorista, venta minorista, fabricación, inversión, finanzas, etc.). Diversos factores, como el transporte, las diferencias horarias, la disponibilidad limitada de personal que hable con fluidez otros idiomas y la presencia de socios comerciales en el extranjero, hacen difícil que la sociedad T pueda dirigir sus actividades extranjeras desde el Estado T. Por estas razones, constituye la sociedad R en el Estado R (un país que cuenta con un mercado internacional y financiero desarrollado así como recursos humanos altamente cualificados), como base para llevar a cabo sus negocios en el exterior. Esta sociedad desarrolla múltiples actividades, como la venta mayorista y minorista, fabricación, financiación e inversión interna e internacional. Además, posee los recursos humanos y financieros necesarios para desempeñar tales actividades (en diversas áreas como la legal, financiera, contabilidad y tributación, gestión de riesgos, auditoría y control interno). De esta manera, resulta claro que las actividades desarrolladas por la sociedad R constituyen un ejercicio activo de actividades económicas.*

  Como parte de sus actividades, la sociedad R se encarga del desarrollo de nuevas fábricas en el Estado S. Para ello, contribuye con capital social y concede préstamos a la sociedad S, filial residente del Estado S constituida por la sociedad R con el fin de que asumiera la propiedad de dichas fábricas. La sociedad R recibirá dividendos e intereses procedentes de la sociedad S.

  En este ejemplo, la constitución de la sociedad R responde a razones de eficiencia empresarial, y la financiación proporcionada por la sociedad S a través de capital y deuda está destinada a la actividad empresarial de la sociedad R en el Estado R. A la vista de todos estos hechos, el apartado 7 no sería de aplicación sobre estas operaciones, a menos que otros hechos pudieran indicar que uno de los propósitos principales de la constitución de la sociedad R o de la financiación proporcionada por la sociedad S era la obtención de los beneficios del convenio entre los Estados R y S.

- *Ejemplo I: la sociedad R, residente del Estado R, es una de las múltiples sociedades de gestión colectiva dedicadas a conceder licencias en nombre de los titulares de derechos de autor y derechos conexos para la reproducción pública de música o para la emisión de dicha música en radio, televisión o internet. La sociedad S, residente en el Estado S, desempeña actividades similares en el Estado S. Intérpretes y titulares de derechos de autor procedentes de diversos países contratan a las sociedades R o S como agentes para la concesión de licencias y la percepción de cánones derivados de esos derechos de autor y derechos conexos; las sociedades R y S distribuyen a cada titular los cánones que reciben por cuenta de ellos descontando una comisión (en la mayoría de los casos, la cuantía distribuida a cada titular es relativamente pequeña). La sociedad R mantiene un acuerdo con la sociedad S a través del cual la sociedad S concede licencias a usuarios del Estado S y distribuye a la sociedad R los cánones relativos a los derechos que gestiona dicha sociedad; de la misma manera la sociedad R hace lo propio en el Estado R respecto de los derechos que gestiona la sociedad S. La sociedad S ha llegado a un acuerdo con la administración tributaria del Estado S conforme al cual tramitará la retención sobre los cánones pagados a la sociedad R teniendo en cuenta los convenios suscritos entre el Estado S y el Estado de residencia de cada titular de derechos representado por la sociedad R, basándose en la información suministrada por dicha sociedad, pues estos titulares constituyen los beneficiarios efectivos de los cánones pagados por la sociedad S a la sociedad R.*

En este ejemplo, parece claro que los acuerdos entre los titulares de los derechos y las sociedades R y S, y el suscrito entre estas sociedades, se han puesto en marcha en aras de una gestión más eficiente de la concesión de licencias y del cobro de cánones respecto de un gran volumen de operaciones de escasa cuantía. Aunque se pueda entender que uno de los propósitos de dichos acuerdos es garantizar la aplicación del tipo de retención correspondiente de acuerdo con el convenio aplicable, sin que cada titular de derechos tenga que solicitar una devolución de pagos pequeños (lo que sería engorroso y caro), es claro que dicho propósito es conforme con el objeto y la finalidad de las disposiciones en cuestión de los convenios, pues precisamente promueve una aplicación correcta y eficiente de los mismos.

- *Ejemplo J: la sociedad R es residente del Estado R. Dicha sociedad ha presentado con éxito una oferta para la construcción de una planta de energía para la sociedad S, una sociedad independiente residente en el Estado S. La duración de dicho proyecto de construcción se estima en 22 meses. Durante la negociación del contrato, el proyecto se dividió en dos contratos de 11 meses de duración. El primero lo suscribe la sociedad R y el segundo lo hace SUB, una filial recientemente constituida y enteramente participada por la sociedad R, también residente en el Estado R. A petición de la sociedad S, que quería asegurarse de que la sociedad R fuera responsable contractual por la ejecución de ambos contratos, se suscriben una serie de acuerdos contractuales conforme a los cuales la sociedad R queda como responsable solidaria de SUB por la ejecución de las obligaciones contractuales de ésta en virtud del contrato firmado entre SUB y la sociedad S.*

> *En este ejemplo, y en ausencia de otros hechos y circunstancias que demuestren lo contrario, cabe concluir que uno de los propósitos principales de la celebración de contratos separados, conforme a los cuales SUB aceptaba llevar a cabo una parte del proyecto de construcción, era el acceso al beneficio del apartado 3 del artículo 5 del convenio entre los Estados R y S. La concesión de dicho beneficio en estas circunstancias sería contraria al objeto y a la finalidad de dicho apartado, pues de lo contrario el umbral temporal recogido en él quedaría vacío de contenido.*

15. En algunos Estados, la aplicación de la norma general anti-abuso de la legislación interna está sujeta a una especie de proceso de aprobación. En ocasiones, dicho proceso establece que sean expertos dentro de la propia administración quienes resuelvan si cabe aplicar o no dichas normas. En otros casos, el proceso requiere la intervención de una comisión consultiva que transmite a la administración su opinión en torno a la aplicación de la norma. La existencia de este tipo de procesos de aprobación revela la complejidad inherente a este tipo de normas y promueve una aplicación coherente de las mismas. Es posible que los Estados deseen establecer un proceso administrativo de este estilo para garantizar que el apartado 7 sólo pueda resultar aplicable tras la aprobación de un comité de alto nivel dentro de la administración.

16. Por otra parte, algunos Estados entienden que, cuando a una persona se le deniega el beneficio del convenio en virtud del apartado 7, la autoridad competente del Estado contratante que de otra manera hubiera concedido este beneficio debería tener la posibilidad de considerar que dicha persona sí tiene derecho a este beneficio, o a diferentes beneficios respecto del elemento de renta o patrimonio en cuestión, en los casos en que, en ausencia del acuerdo u operación que desencadenó la aplicación del apartado 7, dichos beneficios hubieran sido concedidos a esa persona. Para permitir esta posibilidad, dichos Estados pueden incluir este apartado adicional en sus convenios bilaterales:

> *8. Cuando se deniegue un beneficio de este Convenio a una persona en virtud del apartado 7, la autoridad competente del Estado contratante que de otra manera hubiera concedido este beneficio podrá considerar que la persona sí tiene derecho a este beneficio, o a otros beneficios respecto de un elemento concreto de renta o patrimonio, cuando dicha autoridad competente, previa solicitud de la persona y después de valorar los hechos y circunstancias pertinentes, establezca que dichos beneficios habrían sido concedidos de no haber mediado el acuerdo u operación referido en el apartado 7. La autoridad competente del Estado contratante que reciba la solicitud consultará con la autoridad competente del otro Estado contratante antes de desestimar la petición realizada por el residente del otro Estado contratante conforme a este apartado.*

17. A los efectos de esta disposición alternativa, tanto la determinación de que los beneficios habrían sido concedidos de no existir la operación o acuerdo referido en el apartado 7 como la determinación de los beneficios que deberían concederse quedan a discreción de la autoridad competente que recibe la solicitud. La disposición alternativa confiere un amplio margen de discrecionalidad a la autoridad competente para realizar tales determinaciones. No obstante, la disposición exige a dicha autoridad que considere los hechos y circunstancias pertinentes antes de tomar la decisión y que consulte a su homólogo del otro Estado contratante antes de poder desestimar la solicitud del residente del otro Estado. La primera exigencia pretende garantizar que la autoridad competente examine cada solicitud de forma individualizada, mientras que la segunda busca asegurar que las autoridades traten supuestos similares de manera coherente y sean capaces de justificar su decisión atendiendo a los hechos y circunstancias del caso en particular. No obstante, este proceso de consulta no obliga a la autoridad competente que recibe la solicitud a llegar a un acuerdo con su homólogo.

18. El siguiente ejemplo ilustra la aplicación de esta disposición alternativa. Suponga que una persona física residente del Estado R y titular de acciones de una sociedad residente del Estado S decide ceder el derecho de cobro de los dividendos que distribuya dicha sociedad a otra sociedad residente del Estado R que ostenta una participación del 10 por ciento del capital de la sociedad pagadora con el propósito principal de obtener el tipo reducido de gravamen en fuente previsto en el subapartado a) del apartado 2 del artículo 10. En ese caso, si se entiende que el beneficio de dicho subapartado debería denegarse en virtud del apartado 7, la disposición alternativa permitiría que la autoridad competente del Estado S concediese el beneficio consistente en el tipo de gravamen de reducido previsto en el subapartado b) del apartado 2 del artículo 10 si dicha autoridad entiende que dicho beneficio habría sido concedido si no se hubiese cedido el derecho de cobro de dividendos a otra sociedad.

19. Es posible que algunos Estados, por diversas razones, no puedan aceptar la norma recogida en el apartado 7. Estos Estados, para poder combatir de manera efectiva todas las formas de treaty shopping, necesitarán complementar la CLB de los apartados 1 a 6 con normas capaces de hacer frente a las estrategias de treaty-shopping comúnmente conocidas como "estrategias de canalización de rentas a través de sociedades instrumentales" — conduit arrangements—, pues éstas no quedan cubiertas por dichos apartados. Estas normas combatirían este tipo de estrategias denegando los beneficios previstos en las disposiciones del Convenio, o al menos algunos de ellos (por ejemplo los previstos en los artículos 7, 10, 11, 12 y 21), respecto de cualquier renta obtenida a partir de una estrategia de canalización de rentas a través de una sociedad instrumental o como parte de la misma. También pueden cumplir esta función normas internas anti-abuso o doctrinas jurisprudenciales que conduzcan a un resultado equivalente. Los siguientes ejemplos muestran algunos tipos de estrategias de canalización de rentas a través de sociedades instrumentales que requieren ser abordadas por dichas normas, así como ciertos tipos de operaciones que no deberían recibir dicha consideración a estos efectos:

- *Ejemplo A: la sociedad R es una sociedad cotizada residente del Estado R que posee la totalidad de las acciones de la sociedad S, residente del Estado S. La sociedad T, residente del Estado T (sin convenio en vigor con el Estado S), está interesada en adquirir una participación minoritaria de la sociedad S, pero cree que la retención que el Estado S aplicaría sobre los dividendos conforme a su legislación interna haría que dicha inversión fuera poco rentable. La sociedad R propone que la sociedad S emita acciones preferentes que den lugar a un rendimiento fijo del 4 por ciento más un rendimiento variable del 20 por ciento sobre los beneficios netos de la sociedad S.*

El vencimiento de estas acciones se producirá a los 20 años. La sociedad T celebra un contrato separado con la sociedad R conforme al cual la primera pagará a la segunda una cuantía igual al precio de emisión de las acciones preferentes a cambio de recibir por parte de la sociedad R el precio de rescate de las acciones una vez pasados los 20 años. Durante esos 20 años, la sociedad R pagará a la sociedad T un importe equivalente al 3,75 por ciento del precio de emisión más el 20 por ciento de los beneficios netos de la sociedad S.

Este acuerdo constituye una estrategia de canalización de rentas a través de sociedad instrumental que debería ser combatida por las normas arriba referidas, pues uno de los propósitos principales de la participación de la sociedad R en dicho acuerdo era la obtención de un tipo de retención reducido para la sociedad T.

- *Ejemplo B: la sociedad S, residente en el Estado S, ha emitido una única categoría de acciones, todas ellas propiedad de la sociedad R, residente del Estado R. De igual modo, la sociedad R tiene una única categoría de acciones en circulación, todas ellas propiedad de la sociedad T, residente del Estado T (sin convenio en vigor con el Estado S). La sociedad R se dedica a la fabricación de productos electrónicos mientras que la sociedad S distribuye estos productos en el Estado S. En virtud del apartado 3 de la cláusula de limitación de beneficios, la sociedad R tendrá derecho a los beneficios respecto de los dividendos que perciba de la sociedad S, a pesar de que las acciones de R sean propiedad de un residente de un tercer Estado.*

  Este ejemplo se refiere a una estructura comercial ordinaria en la cual las sociedades R y S realizan actividades económicas reales en sus respectivos Estados. El pago de dividendos por parte de filiales como la sociedad S constituye una práctica ordinaria. A falta de pruebas que demuestren que uno de los propósitos principales para poner en marcha esta estructura era hacer circular los dividendos desde la sociedad S a la sociedad T, no se entenderá que dicha estructura constituye una estrategia de canalización de rentas a través de sociedad instrumental.

- *Ejemplo C: la sociedad T, residente del Estado T (sin convenio en vigor con el Estado S) hace un préstamo de 1.000.000 a la sociedad S, residente del Estado S y filial enteramente participada por la primera, y lo hace a cambio de un pagaré emitido por la sociedad S. La sociedad T se percata más delante de que puede evitar la retención que practica el Estado S sobre el interés si cede el pagaré a la sociedad R, otra filial de su propiedad que reside en el Estado R (el convenio en vigor entre los Estados R y S impide el gravamen en fuente de los intereses en ciertos casos). Así pues, la sociedad T cede el pagaré a la sociedad R a cambio de otro pagaré emitido por la sociedad R a favor de la sociedad T. Mientras que el pagaré emitido por la sociedad S estipula un interés del 7 por ciento, el pagaré emitido por la sociedad R prevé un interés del 6 por ciento.*

  La operación a través de la cual la sociedad R adquiere el pagaré emitido por la sociedad S constituye una estrategia de canalización de rentas a través de sociedad instrumental, pues está concebida para eliminar el gravamen en fuente que, de otro modo, habría tenido que soportar sociedad T en el Estado S.

- *Ejemplo D: la sociedad T, residente del Estado T (sin convenio en vigor con el Estado S), es titular de todas las acciones de la sociedad S, residente en el Estado S. Durante mucho tiempo, la sociedad T ha efectuado sus operaciones bancarias con el banco R, residente del Estado R e independiente de las sociedades T y S, puesto que el sistema bancario en el Estado T es relativamente poco sofisticado. Así pues, la sociedad T tiende a mantener un depósito bancario sustancial en dicho banco. Cuando la sociedad S precisa de un préstamo para financiar una adquisición, la sociedad T le sugiere que lo acuerde con el banco R, buen conocedor de la actividad empresarial llevada a cabo por las sociedades T y S. La sociedad S negocia el préstamo con diversos bancos, ofreciendo todos ellos unas condiciones equiparables a las propuestas por el banco R, pero finalmente opta por firmar el contrato de préstamo con este último, en parte porque los intereses pagados a este banco no quedan sujetos a un gravamen en fuente en el Estado S conforme al convenio suscrito entre los Estados R y S, mientras que los intereses pagados a bancos residentes en el Estado T sí quedaría sujetos a gravamen en el Estado S.*

  El hecho de que los beneficios del convenio entre los Estados R y S estén disponibles en el caso de que la sociedad S reciba un préstamo del banco R, y que no ocurra lo mismo si lo recibe de otros Estados, es un factor que sin duda ha influido en la decisión tomada por la sociedad S (que puede verse igualmente influenciada por el consejo de la sociedad T, su único accionista). Incluso es posible defender que se trata de un factor decisivo, en la medida en que, ceteris paribus, el acceso a los beneficios del convenio puede inclinar la balanza a favor de acordar el préstamo con el banco R y no con otro prestamista. No obstante, la determinación de si el acceso a los beneficios del convenio fue uno de los propósitos principales de la operación debe hacerse teniendo en cuenta los hechos y circunstancias en cuestión. En los hechos arriba expuestos, el banco R es independiente de las sociedades T y S y no existe ningún indicio que apunte a que el interés pagado por la sociedad S circula hacia la sociedad T en un sentido u otro. El hecho de que la sociedad T haya mantenido tradicionalmente depósitos sustanciales en el banco R indica igualmente que el préstamo de la sociedad S no se corresponde con un depósito específico de la sociedad T. De esta manera, y teniendo en cuenta los hechos concretos arriba expuestos, es poco probable que la operación pueda constituir una estrategia de canalización de rentas a través de sociedad instrumental.

  No obstante, si la decisión del banco R de conceder un préstamo a la sociedad S dependiera de que la sociedad T constituyera un depósito de cuantía equivalente como garantía del préstamo, de manera tal que el banco R no hubiera accedido a acordar el préstamo en tales condiciones a falta del dicho depósito, los hechos indicarían que la sociedad T estaría haciendo un préstamo indirecto a la sociedad S a través de un banco del Estado R, por lo que en tal caso la operación constituiría una estrategia de canalización de rentas a través de sociedad instrumental.

- *Ejemplo E: la sociedad cotizada R, residente del Estado R, es la sociedad tenedora de valores —holding— de un grupo industrial dedicado a un sector tecnológico muy competitivo. El grupo conduce investigaciones a través de filiales repartidas en todo el mundo. Las filiales conceden las licencias sobre las patentes que éstas desarrollan a la sociedad R, que después cede las licencias a las filiales que la necesitan. La sociedad R se queda únicamente con un pequeño margen de los cánones que recibe, de manera que la mayoría de los beneficios van a parar a la filial que asumió los riesgos correspondientes al desarrollo de la tecnología. La sociedad T, residente de un Estado con el que el Estado S carece de convenio, ha desarrollado un proceso capaz de incrementar la rentabilidad de todas las filiales de la sociedad R, incluida la filial S, residente del Estado S. Siguiendo su práctica habitual, la sociedad R cede a sus filiales licencias y sublicencias sobre la tecnología. La sociedad S paga un canon a la sociedad R, y prácticamente la totalidad de la cuantía de dicho canon se paga a la sociedad T.*

  En este ejemplo no hay indicios de que la sociedad R haya establecido su negocio de concesión de licencias con el objeto de reducir el gravamen en fuente en el Estado S. La sociedad R, por la forma en que estructura su actividad de concesión de licencias y sublicencias, se ajusta al comportamiento y a la organización empresarial estándar de su grupo. Asumiendo que se utiliza esta misma estructura respecto de otras filiales que llevan a cabo actividades similares en países con los que existen convenios que ofrecen beneficios equivalentes o mejores, cabría concluir que el acuerdo entre las sociedades S, R y T no constituye una estrategia de canalización de rentas a través de sociedad instrumental.

- *Ejemplo F: la sociedad T es una sociedad cotizada residente del Estado T, con quien el Estado S no tiene un convenio en vigor. La sociedad T es la matriz de un grupo multinacional que engloba a sociedades como R, residente del Estado R, y S, residente del Estado S. La sociedad S ejerce activamente una actividad económica en el Estado S. Por su parte, la sociedad R es responsable de coordinar la financiación de todas las filiales de la sociedad T, manteniendo un sistema centralizado para la gestión de la contabilidad de ésta y de sus filiales, un sistema donde quedan registradas todas las cuentas a cobrar y a pagar entre el grupo. Además, la sociedad R se encarga de cobrar y abonar todos los pagos en efectivo derivados de las operaciones entre las filiales y partes independientes. La sociedad R firma contratos de tipos de interés y de divisa necesarios para gestionar los riesgos derivados de los desajustes entre los flujos de caja entrantes y salientes. Las actividades de la sociedad R tienen como finalidad (y cabe esperar que lo consiga) la reducción de los costes operativos y generales, así como otros tipos de costes fijos. La sociedad R dispone de 50 empleados en el Estado R, incluyendo el personal administrativo; un número que refleja el volumen de*

actividad asumido por dicha sociedad. La sociedad T presta a la sociedad R 15 millones en moneda A (equivalentes a 10 millones en moneda B) a cambio de un pagaré a 10 años a un 5 por ciento de interés anual. Ese mismo día, la sociedad R presta 10 millones en moneda B a la sociedad S a cambio de un pagaré a 10 años a un 5 por ciento de interés anual. La sociedad R no acuerda una cobertura de riesgos a largo plazo respecto de estas operaciones financieras, pero sí gestiona los riesgos de estas operaciones que se derivan de los tipos de interés y de cambio, y lo hace a diario, semanal o trimestralmente mediante la firma de contratos de divisas a plazo.

En este ejemplo, parece que la sociedad R realiza una actividad económica real, ejerciendo funciones económicas sustantivas, utilizando activos reales y asumiendo riesgos reales; de la misma forma que realiza actividades significativas respecto de las operaciones con las sociedades T y S, actividades que resultan comunes dentro de su negocio de tesorería. Además, parece que dicha sociedad asume los riesgos derivados de los tipos de interés y los tipos de cambio. A la vista de estos hechos, y en la medida en que no existan otros que indiquen que uno de los propósitos principales de estos préstamos era la elusión del gravamen en fuente en el Estado S, se entenderá que los préstamos concedidos de T a R y de R a S no constituyen una estrategia de canalización de rentas a través de sociedad instrumental.

b) Otros casos en los que una persona busca eludir requisitos previstos en el convenio

27. Para poder acceder a los beneficios previstos en ciertas disposiciones de los convenios, no sólo hay que ser residente de un Estado contratante sino que además han de cumplirse ciertos requisitos adicionales. En algunos casos, es posible que se realicen operaciones con el propósito de cumplir dichos requisitos en circunstancias en las que sería inadecuado conceder los beneficios en cuestión. Aunque la norma general anti-abuso recogida en el Subapartado A.1*(a) (ii)* será de utilidad a la hora de abordar estas situaciones, generalmente las normas especiales anti-abuso ofrecen una mayor certeza tanto a los contribuyentes como a las administraciones tributarias. Dichas normas ya existen en algunos artículos del Modelo de Convenio (véanse por ejemplo los artículos 13(4) y 17(2)). Además, el Comentario sugiere la inclusión de otras normas anti-abuso adicionales en ciertas circunstancias (véanse por ejemplo los párrafos 16 y 17 del Comentario al artículo 10). Igualmente, es posible encontrarse con otros tipos de normas anti-abuso en los convenios suscritos entre países miembros de la OCDE y países no miembros.

28. Los siguientes ejemplos ilustran casos en los cuales sería conveniente contar con normas especiales anti-abuso, proponiendo cambios dirigidos a hacer frente a estas situaciones.

i) Fraccionamiento de contratos

29. El párrafo 18 del Comentario al artículo 5 señala que *"El umbral de los doce meses [del artículo 5(3)] ha dado lugar a abusos; en ocasiones, las empresas (principalmente contratistas o subcontratistas que operan en la plataforma continental o están dedicados a actividades relacionadas con la prospección o la explotación de la citada plataforma) fraccionan los contratos en varias partes, cada una con una duración inferior a doce meses, y las atribuyen a sociedades diferentes pertenecientes, sin embargo, al mismo grupo".*

30. La inclusión de la NPP de este informe en el Modelo de Convenio tributario de la OCDE contribuirá a combatir este problema, como muestra el ejemplo J del Comentario a dicha norma. Además, el informe sobre la acción 7 (*Impedir la exclusión fraudulenta del estatus de establecimiento permanente*, OCDE, 2015b)[12] propone cambios al Comentario al artículo 5 que igualmente ofrecen una respuesta al problema.

ii) Los casos de arrendamiento de mano de obra

31. Los párrafos 8.1 a 8.28 del Comentario al artículo 15 tratan los supuestos de arrendamiento de mano de obra, donde el contribuyente trata de obtener de forma inapropiada el beneficio de la exención de gravamen en fuente previsto en el artículo 15(2). Se llegó a la conclusión de que las directrices incluidas en estos párrafos, y en particular la disposición alternativa prevista en el párrafo 8.3 de dicho Comentario, cubren de manera adecuada este tipo de abuso de convenios.

iii) Operaciones que pretenden eludir la calificación de dividendo

32. En algunos casos, se realizan operaciones con el propósito de eludir las normas internas que califican a un determinado elemento de renta como dividendo para así beneficiarse de una calificación a efectos del convenio (por ejemplo, como ganancia de capital) que impida el gravamen en fuente.

33. El grupo de trabajo nº 1, dentro de su trabajo sobre los desajustes derivados de mecanismos híbridos, ha estudiado la posibilidad de modificar las definiciones del convenio de dividendos e intereses, tal y como ya hacen algunos convenios, con el objeto de permitir la aplicación de las normas internas de calificación para este tipo de rentas. Aunque se llegó a la conclusión de que este cambio tendría un impacto muy limitado en relación con los desajustes derivados de los mecanismos híbridos, se optó por seguir estudiando la posibilidad de introducir estos cambios una vez completado el trabajo en el Plan de Acción BEPS.

iv) Las operaciones de transferencia de dividendos

34. En estas operaciones, un contribuyente al que le corresponde tributar en fuente al 15 por ciento en virtud del artículo 10(2)b) busca obtener el tipo reducido del 5 por ciento previsto en el artículo 10(2)a) o incluso el 0 por ciento que algunos convenios bilaterales prevén respecto de los dividendos obtenidos por fondos de pensiones (véase el párrafo 69 del Comentario al artículo 18).

35. Los párrafos 16 y 17 del Comentario al artículo 10 abordan este tipo de operaciones a través de las cuales el contribuyente trata de acceder al tipo reducido del 5 sobre los dividendos:

> 16. La letra a) del apartado 2 no exige que la sociedad beneficiaria de los dividendos haya poseído el 25 por 100, al menos, del capital durante un período relativamente largo antes de la fecha de la distribución. Ello significa que, con relación a la participación, sólo cuenta la situación existente en el momento en que nace la sujeción al impuesto al que se aplica el apartado 2; es decir, en la mayor parte de los casos, la situación existente en el momento en que los dividendos son legalmente puestos a disposición de los accionistas. La razón esencial de este proceder debe buscarse en el deseo de tener una disposición que sea aplicable de la manera más amplia posible. Imponer a la sociedad matriz la necesidad de

poseer la participación mínima con un cierto tiempo de antelación a la distribución de beneficios podría exigir pesquisas considerables. La legislación interna de ciertos países miembros de la OCDE establece que el beneficio de la exención o de la desgravación no se acordará para los dividendos correspondientes a una participación más que si esta ha sido poseída por la sociedad beneficiaria durante un período mínimo. En consecuencia, los Estados contratantes podrán incluir en sus convenios una condición similar.

17. La reducción prevista en la letra a) del apartado 2 no deberá concederse en el caso de uso abusivo de esta disposición; por ejemplo, cuando una sociedad que posee una participación inferior al 25 por 100 ha adquirido, poco tiempo antes del pago de los dividendos, un complemento de su participación con el fin esencial de aprovecharse de la disposición en cuestión o cuando la participación se ha aumentado principalmente para obtener el beneficio de la reducción. Con el fin de contrarrestar tales maniobras, los Estados contratantes pueden juzgar oportuno añadir a la letra a) del apartado 2 una disposición del siguiente tenor:

> a condición de que la participación no se haya adquirido esencialmente con el fin de beneficiarse de la presente disposición.

36. Se llegó a la conclusión de que el subapartado a) del artículo 10(2) debería exigir un periodo mínimo de mantenimiento de la participación accionarial para así hacer frente a este tipo de operaciones. El subapartado quedaría de la siguiente manera:

> *a)* ***el 5 por 100 del importe bruto de los dividendos si el beneficiario efectivo es una sociedad (excluidas las sociedades de personas —partnerships—) que posea directamente al menos el 25 por 100 del capital de la sociedad que paga los dividendos durante un periodo de 365 días que incluya el día en que se paga el dividendo (para calcular ese periodo no se tendrán en cuenta los cambios de titularidad que sean consecuencia directa de una reestructuración empresarial, como una restructuración de fusión o escisión, de la sociedad que posee las acciones o paga el dividendo);***

37. Además, se concluyó que deberían incluirse normas anti-abuso adicionales en el artículo 10 con la finalidad de hacer frente a aquellos casos en que se utilizan entidades intermediarias constituidas en el Estado de la fuente para beneficiarse de aquellas disposiciones del convenio que reducen el gravamen en fuente de los dividendos.

38. Por ejemplo, el párrafo 67.4 del Comentario al artículo 10 recoge una disposición alternativa que puede incorporarse al convenio para impedir el acceso al

- tipo del 5 por 100 en el caso de dividendos pagados por un fideicomiso de inversiones inmobiliarias residente a un inversor no residente, y
- tipo del 5 por 100 y del 15 por 100 en el caso de dividendos pagados por un fideicomiso de inversiones inmobiliarias residente a un inversor no residente que posee directa o indirectamente más del 10 por 100 del capital del fideicomiso de inversiones inmobiliarias.

39. Otro ejemplo, presente en la práctica convencional estadounidense, es una disposición que deniega la aplicación del tipo del 5 por ciento respecto de dividendos pagados a una sociedad no residente por parte de una Sociedad Regulada de Inversión estadounidense —*U.S. Regulated Investment Company*— aunque la sociedad no residente posea más del 10 por ciento de las acciones de la Sociedad Regulada de Inversión.

40. Tomando como base estos ejemplos, cuando la legislación interna de un Estado contratante permita que un instrumento de inversión colectiva establecido en su Estado y cuyas rentas de inversión están exentas de tributación en dicho Estado pueda invertir en acciones de sociedades de ese Estado, de manera que un no residente que invierta en dicho instrumento pudiera acceder al tipo reducido del convenio respecto de los dividendos que distribuya el instrumento de inversión colectiva, se recomienda incluir una norma especial anti-abuso en el artículo 10. Dicha norma podría redactarse de la siguiente manera:

> El subapartado 2 a) no es aplicable a dividendos pagados por un residente de [*nombre del Estado*] que sea [*descripción del tipo de instrumentos de inversión colectiva que quedarían cubiertos por la norma*]

v) Operaciones que eluden la aplicación del artículo 13(4)

41. El artículo 13(4) permite al Estado contratante donde se sitúa la propiedad inmobiliaria gravar las ganancias de capital obtenidas por un residente del otro Estado Contratante a partir de la enajenación de acciones cuando más del 50 por ciento de su valor proceda de dicha propiedad inmobiliaria.

42. El párrafo 28.5 del Comentario al artículo 13 ya prevé la posibilidad de que algunos Estados quieran extender el alcance de la disposición para cubrir no sólo las ganancias derivadas de acciones sino también las ganancias derivadas de la enajenación de las participaciones en otras entidades, como las sociedades de personas —partnerships— o los fideicomisos —trusts—, para así hacer frente a otra forma de abuso. Se acordó modificar el artículo 13(4) para incluir esta redacción.

43. También puede ocurrir que, poco antes de la venta de las acciones o participaciones en la entidad, se realice una aportación de activos a ésta para así reducir la proporción del valor de estas acciones o participaciones derivada de la propiedad inmobiliaria situada en un Estado contratante. Para hacer frente a estos casos, se acordó modificar el artículo 13(4) para referirse a las situaciones en que las acciones o participaciones derivan su valor mayoritariamente de propiedad inmobiliaria en cualquier momento durante un concreto periodo de tiempo, en lugar de tener en cuenta únicamente el momento de la enajenación.

44. La siguiente versión revisada del apartado 4 del artículo 13 incorpora estos cambios:

> 4. Las ganancias obtenidas por un residente de un Estado contratante en la enajenación de acciones ***o participaciones comparables, como las participaciones en sociedades de personas —partnerships— o fideicomisos —trusts—, pueden gravarse en el otro Estado contratante si, durante los 365 días que preceden a la enajenación,*** ~~en las que~~ más del 50 por ciento ~~de su~~ ***del*** valor ***de estas acciones o participaciones comparables*** procede, de forma directa o indirecta, de propiedad inmobiliaria, ***tal y como se define en el artículo 6***, situada en **ese** ~~el~~ otro Estado contratante ~~pueden gravarse en este último.~~

vi) Regla de desempate para determinar la residencia a efectos del convenio de personas distintas de las personas físicas con doble residencia

45. Uno de los requisitos claves para la concesión de los beneficios del convenio es que la persona ha de ser residente de uno de los Estados contratantes a los efectos del convenio en cuestión. En virtud del artículo 4(1) del Modelo de Convenio Tributario de la OCDE, la residencia de una persona a efectos del convenio depende de la legislación tributaria interna de cada Estado contratante, que puede dar lugar a que la persona sea residente de

ambos. En esos casos, el artículo 4(2) establece una única residencia a efectos del convenio en el caso de las personas físicas. Por su parte, el artículo 4(3) hace lo mismo respecto de las personas distintas de las personas físicas, estableciendo que el doble residente "se considerará residente solamente del Estado donde se encuentre su sede de dirección efectiva".

46. Cuando se incluyó esta norma por primera vez en el *Borrador de Convenio* de 1963, el Comité Fiscal de la OCDE manifestó que "en la práctica será poco frecuente que las sociedades, etc. estén sujetas a imposición en más de un Estado"[13] pero, al ser posible dicho escenario, se necesitaban "reglas especiales de preferencia".

47. La actualización de 2008 al Modelo de Convenio Tributario de la OCDE introdujo una versión alternativa al artículo 4(3) (véanse los párrafos 24 y 24.1 del Comentario al artículo 4) conforme a la cual las autoridades competentes de los Estados contratantes, teniendo en cuenta una serie de factores de relevancia, tratarían de establecer mediante acuerdo amistoso el Estado en el que la persona sería residente a los efectos del convenio. Cuando dicha alternativa estaba siendo objeto de debate, muchos países opinaban que los supuestos de doble residencia de sociedades estaban vinculados con frecuencia a estrategias de elusión fiscal. Por esa razón, la actual norma del artículo 4(3) debería reemplazarse por la alternativa recogida en el Comentario, que permite una resolución caso por caso de estas cuestiones.

48. Éstos son los cambios que se introducirán en el Modelo de Convenio Tributario de la OCDE para adoptar dicha decisión (estos cambios tienen en cuenta las modificaciones hechas al Comentario incluido en la primera versión de este informe publicada en septiembre de 2014):

Reemplazar el apartado 3 del artículo 4 del Modelo de Convenio por el siguiente:

> 3. Cuando, en virtud de las disposiciones del apartado 1, una persona que no sea una persona física sea residente de ambos Estados contratantes, ~~se considerará residente solamente del Estado donde se encuentre su sede de dirección efectiva.~~ ***las autoridades competentes de los Estados contratantes harán lo posible por resolver, por medio de un acuerdo amistoso, el Estado contratante del que deba considerarse residente a dicha persona a los efectos del Convenio, teniendo en cuenta su sede de dirección efectiva, su lugar de constitución o de creación por otros procedimientos, así como cualquier otro factor pertinente. En ausencia de tal acuerdo, esa persona no podrá acogerse a las reducciones o exenciones previstas en el Convenio, salvo en la forma y medida que puedan acordar las autoridades competentes de los Estados contratantes.***"

Reemplazar los párrafos 21 a 24.1 del Comentario al artículo 4 por los siguientes:

> 21. Este apartado se refiere a las sociedades y a otras agrupaciones de personas, independientemente de que tengan o no personalidad jurídica. En la práctica será poco frecuente que las sociedades y demás entidades estén sujetas a imposición como residentes en más de un Estado, pero puede ciertamente presentarse el caso si un Estado atiende al lugar de inscripción en el registro y el otro a la sede de dirección efectiva. En consecuencia, también en el caso de sociedades y entidades han de establecerse reglas especiales de preferencia.
>
> 22 ***Cuando se redactó el apartado 3 por primera vez, se entendía que no era*** ~~No parece~~ adecuado dar importancia a un criterio puramente formal como es la inscripción en un registro., ***dándose preferencia a una norma basada en la sede***

de dirección efectiva, que pretendía conducir al ~~Por tanto, el apartado 3 tiene en cuenta el~~ lugar desde donde la sociedad o entidad se ***dirigía*** ~~dirige~~ efectivamente.

23 ~~La definición de un criterio de preferencia para las personas distintas de las personas físicas ha sido examinada, en particular, en relación con la imposición de las rentas derivadas de la navegación marítima, por aguas interiores y aérea. Algunos convenios para evitar la doble imposición de esas rentas reservan el derecho de imposición al Estado donde está la "sede de dirección" de la empresa; otros convenios toman en consideración la "sede de dirección efectiva", y otros también el "domicilio fiscal de la empresa".~~ ***No obstante, en*** [***2014***] ***el Comité de Asuntos Fiscales reconocía que, aunque los supuestos de doble residencia de personas distintas de las personas físicas eran relativamente poco frecuentes, se habían dado casos de elusión fiscal que involucraban a sociedades con doble residencia. Por esta razón, llegó a la conclusión de que la mejor manera de resolver los casos de doble residencia de personas distintas de las personas físicas era hacerlo caso por caso.***

24. En virtud de estas consideraciones, ***la versión actual del apartado 3 establece que las autoridades competentes de los Estados contratantes harán lo posible por resolver, mediante acuerdo amistoso, los casos de doble residencia de personas distintas de las personas físicas.*** ~~se ha optado por la "sede de dirección efectiva" como criterio de preferencia para las personas distintas de las personas físicas. La sede de dirección efectiva es el lugar donde se toman de hecho las decisiones comerciales clave y las decisiones de gestión necesarias para llevar a cabo el conjunto de las actividades empresariales o profesionales de la entidad. Para determinar la sede de dirección efectiva deben considerarse todos los hechos y circunstancias pertinentes. Una entidad puede simultanear más de una sede de gestión, pero tendrá una única sede de dirección efectiva.~~

24.1 ~~No obstante, algunos países consideran que los casos de doble residencia de personas distintas de las personas físicas son bastante infrecuentes, debiendo analizarse de forma casuística. Algunos países consideran asimismo que este criterio casuístico es el idóneo para solventar las dificultades que pueda plantear la utilización de las tecnologías de la comunicación para determinar la sede de dirección efectiva de una sociedad. Estos países pueden dejar que sean las autoridades competentes quienes decidan sobre la cuestión de la residencia de tales personas, lo que puede hacerse reemplazando el apartado por la siguiente disposición:~~

> ~~"3. Cuando, en virtud de las disposiciones del apartado 1, una persona distinta de una persona física sea residente de ambos Estados contratantes, las autoridades competentes de los Estados contratantes harán lo posible por resolver, por medio de un acuerdo amistoso, el Estado contratante del que deba considerarse residente a dicha persona a los efectos del Convenio, teniendo en cuenta su sede de dirección efectiva, su lugar de constitución o de creación por otros procedimientos, así como cualquier otro factor pertinente. En ausencia de tal acuerdo, esa persona no podrá acogerse a las reducciones o exenciones previstas en el Convenio, salvo en la forma y medida que puedan acordar las autoridades competentes de los Estados contratantes."~~

Las autoridades competentes que tengan que aplicar ***el apartado 3*** ~~esta disposición para determinar la residencia de una persona jurídica a los efectos del Convenio~~

tendrán que tener en cuenta diversos factores, tales como dónde se celebran habitualmente las reuniones ***del*** ~~de su~~ consejo de administración u órgano similar ***de la persona***, desde donde realizan habitualmente sus funciones el consejero delegado y los altos ejecutivos, desde donde se realiza la alta gestión cotidiana, donde está situada su oficina central, qué legislación nacional rige su situación jurídica, donde están archivados sus documentos contables y si la determinación de que la persona jurídica es residente de uno de los Estados contratantes pero no del otro, a los efectos del Convenio, pudiera implicar el riesgo de una utilización indebida de sus disposiciones, etc. Los países que consideren que no debería otorgarse a las autoridades competentes la facultad de resolver estos casos de doble residencia sin indicárseles los factores que deben considerar a tal efecto, pueden completar la disposición incluyendo la mención a estos u otros factores que consideren pertinentes. [*La siguiente frase se ha movido al nuevo párrafo 24.2; la última frase del párrafo se ha movido al nuevo párrafo 24.3*]

24.2 La resolución del apartado 3 normalmente será solicitada por ~~Asimismo, dado que~~ la persona interesada ~~será quien normalmente invoque la aplicación de la disposición~~ a través del mecanismo previsto en el apartado 1 del artículo 25~~,~~. ***Dicha*** ~~el plazo de presentación de la~~ solicitud ***puede realizarse desde el momento en el que sea posible que una persona pueda ser considerada residente de ambos Estados contratantes conforme el apartado 1. De acuerdo con el requisito de notificación previsto en el apartado 1 del artículo 25, debería realizarse en cualquier caso en el plazo de*** ~~será de~~ tres años desde que esa persona haya recibido la primera notificación ***de las medidas fiscales tomadas por uno o ambos Estados contratantes en las que se le deniega reducciones o exenciones debido a su condición de doble residente sin que las autoridades competentes hayan intentado previamente establecer un único Estado de la residencia conforme al apartado 3. Las autoridades competentes que reciben la solicitud para la determinación de la residencia de acuerdo con el apartado 3 deberían resolverla sin demora y comunicar su respuesta al contribuyente lo antes posible.***

24.3 Dado que los factores sobre los que deba basarse la decisión no son inmutables en el tiempo, las autoridades competentes que lleguen a un acuerdo amistoso en virtud de dicha disposición deben dejar constancia del plazo cubierto por el mismo.

24.4 La última frase del apartado 3 establece que, a falta de una decisión por parte de las autoridades competentes, la persona que ostente la condición de doble residente no podrá acogerse a las reducciones o exenciones previstas en el Convenio, salvo en la forma y medida que puedan acordar las autoridades competentes. No obstante, esto no impedirá que el contribuyente sea considerado residente de cada Estado contratante para fines distintos a la concesión de reducciones o exenciones. Esto significará, por ejemplo, que no se considerará cumplida la condición prevista en el subapartado b) del apartado 2 del artículo 15 respecto de un empleado de dicha persona que sea residente de cualquiera de los Estados contratantes y desarrolle su trabajo en el otro Estado. Del mismo modo, si la persona es una sociedad, tendrá la condición de residente de cada uno de los Estados a los efectos de aplicar el artículo 10 a los dividendos que pague.

24.5~~2~~ ***No obstante, algunos Estados creen que es preferible abordar los supuestos de doble residencia con una norma basada en la "sede de dirección efectiva" como la incluida en el Convenio antes de [próxima actualización]. Estos Estados consideran que es posible interpretar esta norma de forma que se evite el abuso***

de la misma. Los Estados que compartan este punto de vista y estén de acuerdo en cómo debería interpretarse el concepto de "sede de dirección efectiva" pueden incluir en su convenio bilateral la siguiente versión del apartado 3:

> ***Cuando, en virtud de las disposiciones del apartado 1, una persona que no sea una persona física sea residente de ambos Estados contratantes, se considerará residente solamente del Estado donde se encuentre su sede de dirección efectiva.***

vii) Norma anti-abuso para los establecimientos permanentes situados en terceros Estados

49. El párrafo 32 del Comentario al artículo 10, el 25 del Comentario al artículo 11 y el 21 del Comentario al artículo 12 hacen referencia a casos potenciales de abuso que pueden ser derivarse de la transferencia de acciones, créditos, derechos o propiedades a establecimientos permanentes establecidos exclusivamente con tal propósito en países que ofrecen un tratamiento preferencial a la renta procedente de dichos activos. Cuando el Estado de residencia exime o grava con tipos bajos los beneficios de dichos establecimientos permanentes situados en terceros Estados, el Estado de la fuente no debería conceder los beneficios del convenio respecto de dicha renta.

50. La última parte del párrafo 71 del Comentario al artículo 24 trata esta cuestión, y sugiere la inclusión de una norma anti-abuso en los convenios bilaterales para evitar que el Estado de la fuente tenga que conceder los beneficios del convenio cuando la renta obtenida por un establecimiento permanentes situado en un tercer Estado no está sometida a un gravamen normal en dicho Estado:

> 71. … Otra cuestión que se suscita en relación con los casos triangulares es la de los abusos. Si el Estado contratante del cual la empresa es residente exime de gravamen los beneficios del establecimiento permanente situado en el otro Estado contratante, existe el peligro de que la empresa transfiera activos tales como acciones, obligaciones o patentes a establecimientos permanentes en Estados que ofrezcan un régimen fiscal particularmente favorable, y en ciertas condiciones puede resultar que la renta en cuestión no sea gravada por ninguno de los tres Estados. Para evitar tales prácticas, que pueden considerarse como abusivas, puede incluirse, en el Convenio entre el Estado de residencia de la empresa y el tercer Estado (el Estado de la fuente), una disposición que establezca que una empresa no puede reclamar los beneficios del Convenio más que cuando las rentas obtenidas por el establecimiento permanente situado en el otro Estado son gravadas normalmente en el Estado del establecimiento permanente.

51. Se llegó a la conclusión de que debería incluirse una norma especial anti-abuso en el Modelo de Convenio Tributario para hacer frente a este y a otro casos triangulares semejantes en los cuales la renta atribuible al establecimiento permanente del tercer Estado está sujeta a un gravamen bajo.

52. La disposición y el Comentario correspondiente que se recogen a continuación, previstos para estos casos, ya se encontraban en la primera versión de este informe publicada en septiembre de 2014. No obstante, los trabajos que siguieron a esta publicación revelaron la necesidad de incorporar algunos cambios respecto de diferentes aspectos de la disposición. A finales de mayo de 2015, Estados Unidos publicó una nueva versión de una disposición similar[14] abriendo un plazo hasta el 15 de septiembre de 2015 para que las partes interesadas pudieran enviar sus comentarios. Cuando dicha versión se encontraba

todavía en debate, se decidió revisar esta disposición a la vista de la versión final de la norma estadounidense que resultara de valorar los comentarios recibidos. Por esta razón, será necesario revisar más adelante tanto la disposición como su Comentario, esperando contar con una versión definitiva durante el primer semestre de 2016, permitiendo así que pueda ser tenida en cuenta en la negociación del instrumento multilateral que está llamado a implementar las medidas relativas a los convenios previstas en el Plan de Acción BEPS. Por ello, lo que aquí se expone debe tomarse como un borrador sujeto a cambios:

[***Cuando***

a) ***una empresa de un Estado contratante obtenga rentas procedentes del otro Estado contratante y dichas rentas sean atribuibles a un establecimiento permanente que la empresa tenga en una tercera jurisdicción, y***

b) ***los beneficios atribuibles a dicho establecimiento permanente estén exentos de tributación en el Estado mencionado en primer lugar***

los beneficios fiscales que, en otras circunstancias, hubieran sido aplicables conforme a las restantes disposiciones del Convenio no serán de aplicación respecto de rentas sobre las cuales el impuesto exigido por la tercera jurisdicción sea inferior al 60 por ciento del impuesto que habría exigido el Estado mencionado en primer lugar si la renta hubiera sido ganada o recibida por la empresa y no hubiera sido atribuible a un establecimiento permanente en una tercera jurisdicción. En tal caso

c) ***todo dividendo, interés o canon al que sean de aplicación las disposiciones de este apartado quedará sujeto a gravamen de acuerdo con la legislación interna del otro Estado, pero el gravamen impuesto por dicho Estado no excederá del [porcentaje a determinar] por ciento de su importe bruto, y***

d) ***cualquier otra renta a la que resulten de aplicación las disposiciones de este apartado quedará sujeta a gravamen de acuerdo con la legislación interna del otro Estado, no obstante lo dispuesto en otras disposiciones del Convenio.***

Las disposiciones previas de este apartado no serán aplicables si la renta procedente del otro Estado

e) ***se obtiene en relación con el ejercicio activo de una actividad económica, o es incidental a la misma, a través del establecimiento permanente (distinta de la actividad de realización, gestión o tenencia de inversiones por cuenta de la empresa, a menos que se trate de actividades bancarias, de seguros o de negociación de títulos llevadas a cabo por una entidad bancaria, una sociedad aseguradora o una agencia de valores registrada respectivamente), o***

f) ***es un canon recibido como contraprestación por el uso o la concesión de uso de bienes intangibles producidos o desarrollados por la empresa a través del establecimiento permanente.***

Comentario a la disposición

1. Como señalaba el párrafo 32 del Comentario al artículo 10, el 25 del Comentario al artículo 11 y el 21 del Comentario al artículo 12, pueden surgir casos potenciales de abuso a partir de la transferencia de acciones, créditos, derechos y propiedades a establecimientos permanentes establecidos con ese único fin en países que, o bien no gravan, o bien ofrecen un

tratamiento preferencial a la renta derivada de dichos activos. Cuando el Estado de residencia exime de tributación a las rentas de inversión de estos establecimientos permanentes situados en terceros Estados, el Estado de la fuente no debería conceder los beneficios del convenio respecto de dicha renta. El apartado propuesto, aplicable cuando un Estado contratante exime de tributación a la renta de inversión obtenida por empresas de ese Estado pero atribuible a establecimientos permanentes ubicados en un tercer Estado, estipula que no se concederán los beneficios del convenio en estos casos. Dicha norma no resulta aplicable a beneficios que, o bien son incidentales o bien se obtienen en relación con el ejercicio activo de una actividad económica a través del establecimiento permanente, excluyendo los negocios de inversión cuando éstos no sean llevados a cabo por una entidad bancaria, una empresa aseguradora o una agencia de valores; tampoco resulta aplicable si la renta procedente del Estado de la fuente constituye un canon recibido como contraprestación por el uso o la concesión de uso de bienes intangibles producidos o desarrollados por la empresa a través del establecimiento permanente.

2. En los casos en que se denieguen los beneficios en virtud de este apartado, la empresa que obtiene la renta en cuestión debería tener acceso a la cláusula de concesión discrecional de beneficios del apartado 5 del artículo [X] para así garantizar el disfrute de los beneficios cuando el establecimiento, adquisición o mantenimiento del establecimiento permanente, así como la realización de sus operaciones, no tenía entre sus propósitos principales la obtención de los beneficios previstos en este Convenio. Se podrá alcanzar este resultado incluyendo esta disposición en el artículo [X].

3. Es posible que algunos Estados prefieran optar por una solución más amplia que no se limite a los casos en que los beneficios de la empresa de un Estado contratante atribuibles a un establecimiento permanente situado en un tercer Estado estén exentos de tributación en el Estado mencionado en primer lugar. En ese caso, la disposición cubriría en todo caso las rentas derivadas de un Estado contratante y atribuibles a un establecimiento permanente de un tercer Estado siempre y cuando estas rentas estén sujetas a un tipo efectivo combinado inferior al umbral del 60 por ciento, sumando el gravamen del Estado de la empresa y del Estado del establecimiento permanente. Puede utilizarse una disposición como la que a continuación se presenta para este propósito:

> *No obstante las restantes disposiciones del presente Convenio, cuando una empresa de un Estado contratante obtenga rentas procedentes del otro Estado contratante y dichas rentas sean atribuibles a un establecimiento permanente que la empresa tenga en una tercera jurisdicción, los beneficios fiscales que, en otras circunstancias, hubieran sido aplicables conforme a las restantes disposiciones de este Convenio, no serán de aplicación respecto de esta renta si los beneficios de ese establecimiento permanente están sujetos a un tipo efectivo combinado, resultante de sumar el tipo aplicado en el Estado contratante mencionado en primer lugar y el aplicado en el tercer Estado, inferior al 60 por ciento del tipo de gravamen general del impuesto sobre sociedades aplicable en el Estado contratante mencionado en primer lugar. Todo dividendo, interés o canon al que sean de aplicación las disposiciones de este apartado estará sujeto a gravamen en el otro Estado contratante a un tipo que no exceda del 15 por ciento de su importe bruto. Cualquier otra renta a la*

que resulten de aplicación las disposiciones de este apartado quedará sujeta a gravamen conforme a lo previsto en la legislación interna del otro Estado contratante, no obstante lo dispuesto en otras disposiciones de este Convenio. Las disposiciones de este apartado no serán aplicables si:

a) ***en el caso de cánones, estos se perciben como contraprestación por el uso o la concesión de uso de bienes intangibles producidos o desarrollados a través del establecimiento permanente; o***

b) ***en el caso de cualquier otra renta, la renta procedente del otro Estado contratante se obtiene en relación con el ejercicio activo de una actividad económica, o es incidental a la misma, llevada a cabo por el establecimiento permanente en el tercer Estado (distinta de la actividad de realización, gestión o tenencia de inversiones por cuenta de la empresa, a menos que se trate de actividades bancarias, de seguros o de negociación de títulos llevadas a cabo por una entidad bancaria, una sociedad aseguradora o una agencia de valores registrada respectivamente.)***]

2. Casos en los que una persona trata de abusar de disposiciones de la legislación tributaria interna utilizando los beneficios del convenio

53. Muchos de los riesgos de elusión fiscal que amenazan la base imponible no vienen provocados directamente por los convenios pero sí pueden ser verse facilitados por éstos. En estos casos, no es suficiente con abordar los problemas relativos a los convenios: también es necesario introducir cambios en la legislación interna. Las estrategias elusivas que se integran en esta categoría incluyen:

- Subcapitalización y otras operaciones de financiación que utilizan las deducciones fiscales para reducir los costes de endeudamiento;
- Estrategias de doble residencia (por ejemplo, una sociedad residente a efectos de la legislación tributaria interna pero no residente a efectos del convenio);
- Uso de precios de transferencia inadecuados;
- Operaciones de arbitraje fiscal que se aprovechan de los desajustes presentes en la legislación interna de un Estado y que están relacionadas con:
    - La calificación de la renta (por ejemplo, convertir beneficios empresariales en ganancias de capital) o de los pagos (por ejemplo, convertir dividendos en intereses);
    - El tratamiento de los contribuyentes (por ejemplo, transferir renta a entidades exentas de tributación o a entidades con pérdidas fiscales acumuladas; o transferir renta de no residentes a residentes);
    - Diferencias temporales (por ejemplo, diferir el pago de impuestos o adelantar deducciones).
- Operaciones de arbitraje fiscal que se aprovechan de los desajustes presentes en las legislaciones internas de ambos Estados y que están relacionadas con:
    - La calificación de la renta;
    - La caracterización de las entidades;
    - Diferencias temporales.

- Operaciones que abusan de los mecanismos de corrección de la doble imposición (producción de renta que no tributa en el Estado de la fuente y que además debe quedar exenta de tributación en el Estado de residencia, o abuso de los mecanismos de crédito fiscal).

54. El trabajo realizado sobre otros puntos del Plan de Acción, en particular sobre las Acciones 2 (Neutralizar los efectos de los mecanismos híbridos), 3 (Refuerzo de la normativa CFC), 4 (Limitar la erosión de la base imponible por vía de deducciones en el interés y otros pagos financieros) y 8, 9 y 10 sobre precios de transferencia, ya ha abordado muchas de estas operaciones. El objetivo principal del trabajo dirigido a impedir la concesión de los beneficios del convenio respecto de estas operaciones es garantizar que los convenios no impidan la aplicación de las disposiciones internas pertinentes que servirían para evitar estas operaciones[15]. La concesión de los beneficios previstos en las disposiciones del convenio en estos casos se consideraría inadecuada en la medida en que provoque la elusión del impuesto interno. Son casos en los que se discute si:

- Las disposiciones de un convenio impiden la aplicación de una norma general anti-abuso interna;
- Los artículos 24(4) y 24(5) impiden la aplicación de las normas de subcapitalización internas;
- El artículo 7 y/o 10(5) impiden la aplicación de las normas sobre transparencia fiscal internacional —*CFC*—;
- El artículo 13(5) impide la aplicación de las normas en materia de impuestos de salida;
- El artículo 24(5) impide la aplicación de las normas internas que restringen la consolidación fiscal a entidades residentes:
- El artículo 13(5) impide la aplicación de normas contra el *strip* de dividendos, que tienen el punto de mira puesto en las operaciones que buscan convertir dividendos en ganancias de capital exentas;
- El artículo 13(5) impide la aplicación de las normas internas de atribución de renta (como las normas que regulan la tributación del otorgante del fideicomiso —*trust*—)

55. Los Comentarios a los artículos del Modelo de Convenio Tributario de la OCDE ya abordan muchos de estos problemas. Por ejemplo, tratan expresamente la cuestión de la normativa sobre transparencia fiscal internacional —*CFC*— (el párrafo 23 del Comentario al artículo 1 señala que los convenios no impiden la aplicación de estas normas). También se refieren a las normas de subcapitalización (el párrafo 3 del Comentario al artículo 9 sugiere que los convenios no son un obstáculo a la aplicación de las estas normas "en la medida en que tengan como objeto la asimilación de los beneficios del prestatario a la cuantía que hubiera realizado en condiciones normales de mercado"). Sin embargo, los Comentarios no cubren otros tipos de normas especiales anti-abuso internas.

56. Los párrafos 22 y 22.1 del Comentario al artículo 1 introducen el debate —más general— sobre la interacción entre los convenios tributarios y las normas anti-abuso internas. Estos párrafos llegan a la conclusión de que no habrá conflicto cuando las normas anti-abuso internas se apliquen a una operación que constituya un abuso del convenio:

> 22. Asimismo se han analizado otras formas de uso abusivo de los tratados fiscales (por ejemplo, uso de sociedades controladas) y otras formas posibles de

resolver estos abusos, como las reglas que dan prioridad al fondo sobre la forma, las reglas de "sustancia económica" y las disposiciones generales anti-abuso, con el fin primordial de saber si dichas reglas y disposiciones son contrarias a los convenios tributarios [...]

22.1. Tales reglas son parte de las disposiciones fundamentales de la legislación nacional que determinan qué hechos dan lugar a una obligación tributaria; dichas reglas no están contempladas en los tratados fiscales y por lo tanto no se ven afectadas por ellos. Así pues, como norma general y habida cuenta el párrafo 9.5 no habrá un conflicto. [...]

57. El párrafo 9.5 del Comentario al artículo 1 ofrece las siguientes pautas sobre qué ha de entenderse como abuso de las disposiciones de un convenio tributario:

> Un principio rector estriba en que no se deben conceder los beneficios de un convenio de doble imposición cuando uno de los principales objetivos para realizar determinadas operaciones o manejos es garantizar una posición fiscal más favorable y conseguir ese tratamiento fiscal más favorable en dichas circunstancias sea contrario al objeto y propósito de las disposiciones en cuestión.

58. Como se señalaba en el Subapartado A.1, la nueva norma general anti-abuso que se introducirá en el Modelo de Convenio de la OCDE recogerá el principio ya reconocido en el párrafo 9.5 del Comentario al artículo 1. La inclusión de este principio en los convenios tributarios constituye una manifestación clara de que los Estados contratantes desean denegar la aplicación de las disposiciones de su convenio cuando se concluyan acuerdos u operaciones que persigan la obtención de los beneficios previstos en estas disposiciones en circunstancias inapropiadas. No obstante, la incorporación de este principio en una disposición concreta del convenio no altera las conclusiones reflejadas en el Comentario al artículo 1 en relación a la interacción entre los convenios y las normas anti-abuso internas; dichas conclusiones se mantienen vigentes, especialmente respecto de aquellos convenios que no incorporen la nueva norma general anti-abuso.

59. La siguiente versión revisada del apartado "Uso indebido del convenio" incluido en el Comentario al artículo 1 reflejará esa conclusión y explicará con mayor claridad la relación entre las normas anti-abuso internas y los convenios tributarios:

Uso indebido del Convenio

7. El principal objetivo de los convenios de doble imposición es promover los intercambios de bienes y servicios y los movimientos de capitales y personas mediante la eliminación de la doble imposición internacional. Asimismo, y como confirma el preámbulo al Convenio, los convenios también tienen entre sus objetivos evitar la elusión y la evasión fiscales.

8. La extensión de la red de convenios de doble imposición eleva el riesgo de que haya abusos al posibilitar la utilización de acuerdos diseñados para obtener tanto los beneficios fiscales previstos en determinadas legislaciones internas como las desgravaciones fiscales establecidas en los convenios de doble imposición.

9. Tal sería el caso, por ejemplo, si una persona (residente o no de un Estado contratante) actúa a través de una entidad jurídica constituida en un Estado fundamentalmente para conseguir los beneficios de convenios que no podría obtener directamente. Otro caso sería el de una persona física que tuviera en un Estado contratante su vivienda permanente y todos sus intereses económicos,

incluyendo una participación sustantiva en una sociedad de ese Estado y que, principalmente con vistas a vender acciones y evitar el gravamen de ese Estado respecto de las ganancias de capital derivadas de la enajenación (en virtud del apartado 5 del artículo 13), trasladase su vivienda permanente al otro Estado contratante donde dichas ganancias se someten a un gravamen reducido o nulo.

Combatir la elusión fiscal mediante los convenios

10. El apartado 7 del artículo [X] [la NPP] y las normas especiales anti-abuso recogidas en los convenios se dirigen a éstas y a otras operaciones y acuerdos concluidos con el propósito de obtener los beneficios del convenio en circunstancias inapropiadas [el resto del previo párrafo 1 se ha movido al párrafo 19]. No obstante, cuando un convenio no incluya tales normas, surge la pregunta de si deberían concederse los beneficios del convenio cuando las operaciones realizadas constituyan un uso abusivo de las disposiciones del convenio.

11. Muchos Estados responden a esta pregunta partiendo del hecho de que los impuestos, en última instancia, son exigidos en virtud de disposiciones de la legislación interna, si bien pueden verse restringidos (y en casos excepcionales, ampliados) por las disposiciones de los convenios. Así pues, todo uso abusivo de las disposiciones de un convenio tributario podría también considerarse como uso abusivo de las disposiciones de la legislación interna en virtud de las cuales se exige el impuesto. Para estos Estados, la cuestión pasa a ser si las normas de los convenios tributarios pueden o no impedir la aplicación de las disposiciones anti-abuso de la legislación interna, que es la pregunta que se plantea en los párrafos 19 a 26.8 a continuación. Como se explica en esos párrafos, no existirá conflicto como norma general entre dichas normas y las disposiciones de los convenios.

12. Otros Estados prefieren considerar algunos abusos como si fueran usos abusivos del propio convenio en lugar de usos abusivos de la legislación interna. No obstante, estos Estados consideran que una construcción adecuada del convenio tributario les permite obviar las operaciones abusivas, como las efectuadas con la intención de obtener beneficios no previstos en las disposiciones de estos convenios. Esta interpretación es consecuencia del objeto y propósito de los convenios tributarios, así como de la obligación de interpretarlos de buena fe (véase el artículo 31 de la Convención de Viena sobre el Derecho de los Tratados).

13. En todo caso, y de acuerdo con ambas posturas, existe acuerdo en el hecho de que los Estados no tienen por qué conceder los beneficios de un convenio de doble imposición cuando se hayan concluido acuerdos que constituyan un uso abusivo de las disposiciones del mismo.

14. Sin embargo, es importante advertir que no se debe presuponer que un contribuyente está realizando la clase de operaciones abusivas referidas anteriormente. Un principio rector estriba en que no se deben conceder los beneficios de un convenio de doble imposición cuando uno de los principales objetivos para realizar determinadas operaciones o acuerdos es garantizar una posición fiscal más favorable y conseguir ese tratamiento fiscal más favorable en dichas circunstancias sea contrario al objeto y propósito de las disposiciones en cuestión. Este principio se mantiene vigente con independencia de las disposiciones del apartado 7 del artículo [X] [la NPP], que se limitan a confirmarlo.

15. La posibilidad de aplicar estos principios o el apartado 7 del artículo [X] no significa que no sea necesario incluir en los convenios tributarios disposiciones especiales para evitar determinadas formas de elusión fiscal. Si se detectan técnicas específicas de elusión o si la utilización de dichas técnicas es especialmente problemática, a menudo puede resultar útil incorporar al Convenio disposiciones que se centren directamente en la estrategia concreta de elusión. Además, estas disposiciones resultarán necesarias cuando un Estado que ha adoptado la postura descrita en el párrafo 11 considere que su legislación interna carece de las normas o principios anti-abuso necesarios para abordar de forma adecuada la estrategia en cuestión.

16. De hecho, algunas formas de elusión fiscal ya han sido objeto de tratamiento expreso en el Convenio, por ejemplo, mediante la introducción del concepto de "beneficiario efectivo" (en los artículos 10, 11 y 12) y de disposiciones especiales tales como el apartado 2 del artículo 17 que se ocupa de las denominadas sociedades de artistas. Estos problemas se abordan también en los Comentarios al artículo 10 (párrafos 17 y 22), artículo 11 (párrafo 12) y artículo 12 (párrafo 7).

17. Además, en algunos casos, la solicitud de acogerse a los beneficios del convenio por parte de filiales, en concreto aquellas constituidas en paraísos fiscales o que se benefician de regímenes preferenciales perniciosos, puede rechazarse cuando un cuidadoso estudio de los hechos y circunstancias del caso demuestre que la sede de dirección efectiva de la filial no se encuentra en su supuesto Estado de residencia, sino en el Estado de residencia de la sociedad matriz con el fin de hacerla residente de este último Estado a los efectos de la legislación interna (lo que será pertinente cuando la legislación interna de un Estado utilice el criterio de sede de dirección, u otro de naturaleza similar, para determinar la residencia de una persona jurídica).

18. El estudio cuidadoso de los hechos y circunstancias de un caso también puede revelar que una filial estaba siendo dirigida desde el Estado de residencia de su matriz de tal forma que tendría un establecimiento permanente en ese Estado (por ejemplo: por tener una sede de dirección) al que serían atribuibles todos o una parte sustancial de sus beneficios.

Combatir la elusión fiscal mediante normas anti-abuso internas y jurisprudencia

19. Las normas anti-abuso internas y la jurisprudencia pueden resultar igualmente útiles a la hora de hacer frente a aquellas operaciones y acuerdos que se han llevado a cabo con el propósito de obtener los beneficios del convenio en circunstancias inadecuadas. Estas normas y doctrinas jurisprudenciales también pueden servir para abordar aquellas operaciones y acuerdos que tenían como propósito hacer un uso abusivo tanto de la legislación interna como de los convenios.

20. Por las razones arriba mencionadas, las normas anti-abuso internas y la jurisprudencia juegan un papel esencial a la hora de impedir la concesión de los beneficios del convenio en circunstancias inapropiadas. No obstante, su aplicación suscita la cuestión sobre su posible conflicto con las disposiciones del convenio, en particular cuando se utilizan éstas para facilitar el uso abusivo de las disposiciones internas (por ejemplo, cuando se sostiene que las disposiciones del convenio protegen al contribuyente frente a la aplicación de ciertas normas

anti-abuso internas). Esta cuestión se trata más adelante junto con las normas especiales anti-abuso internas, las normas generales anti-abuso internas y las doctrinas jurisprudenciales.

Normas especiales anti-abuso

21. Las autoridades fiscales que buscan combatir el uso indebido de un convenio pueden tener en cuenta, en primer lugar, las normas especiales anti-abuso previstas en su legislación interna.

22. Muchas de las normas especiales anti-abuso establecidas en la legislación interna resultan aplicables fundamentalmente en situaciones transfronterizas, y pueden ser relevantes a la hora de aplicar los convenios tributarios. Por ejemplo, las normas de subcapitalización pueden restringir la deducibilidad de los pagos de intereses a los residentes de los Estados contratantes; las normas de precios de transferencia (aunque no estén diseñadas principalmente como normas anti-abuso) pueden impedir el traslado artificial de rentas desde una empresa residente a una empresa residente de otro país con convenio; las normas de "impuestos de salida" pueden prevenir la elusión del gravamen sobre las ganancias de capital que tendría lugar tras un cambio de residencia previo a la realización de la ganancia de capital exenta por convenio; las normas contra el strip de dividendos pueden evitar la elusión de la retención interna sobre los dividendos que resultaría de operaciones diseñadas para convertir dividendos en ganancias de capital exentas por convenio; y las normas de prevención del uso de sociedades instrumentales —anti-conduit rules— pueden evitar ciertas operaciones abusivas que involucran la utilización de estrategias de canalización de rentas a través de sociedades instrumentales.

23. Con carácter general, cuando surja un conflicto entre disposiciones de la legislación interna y disposiciones de los convenios, éstas últimas prevalecerán. Ésta es la consecuencia lógica del principio "pacta sunt servanda" recogido en el artículo 26 de la Convención de Viena sobre el Derecho de los Tratados. De esta manera, si de la aplicación de una norma especial anti-abuso interna se deriva un gravamen que contradiga las disposiciones de un convenio, se originaría un conflicto con las disposiciones de dicho convenio, que deberían prevalecer conforme al Derecho internacional público. 1

[*Nota al pie al párrafo 23:*] ***1. De acuerdo con el artículo 60 de la Convención de Viena sobre Derecho de los Tratados "[a] Una violación grave de un tratado bilateral por una de las partes facultará a la otra para alegar la violación como causa para dar por terminado el tratado o para suspender su aplicación total o parcialmente".***

24. No obstante, como se explica más adelante, con frecuencia será posible evitar tales conflictos, debiendo analizar cada caso atendiendo a sus propias circunstancias.

25. En primer lugar, el convenio puede permitir expresamente la aplicación de ciertos tipos de normas especiales anti-abuso. Por ejemplo, el artículo 9 autoriza explícitamente la aplicación de normas internas en las circunstancias descritas en ese artículo. Además, muchos convenios incluyen disposiciones específicas que, o bien aclaran que no hay conflicto o bien, aún habiéndolo, admiten la aplicabilidad de las normas internas. Por ejemplo, una norma en el convenio que permita expresamente la aplicación de la norma interna de subcapitalización de un Estado contratante o de ambos.

26. En segundo lugar, muchas de las disposiciones que integran el Convenio dependen de la aplicación del ordenamiento interno. Por ejemplo, la determinación de la residencia de una persona (véase el apartado 1 del artículo 4), la definición de propiedad inmobiliaria (véase el apartado 2 del artículo 6) y la determinación de qué rentas procedentes de participaciones sociales han de recibir la consideración de dividendos (véase el apartado 3 del artículo 10). Con carácter más general, el apartado 2 del artículo 3 otorga relevancia a las normas internas a los efectos de dotar de significado a aquellos términos no definidos en el Convenio. Así pues, en muchos casos, las normas especiales anti-abuso previstas en la legislación interna, más que provocar un conflicto, tendrán un impacto en la aplicación de las disposiciones del convenio. Por ejemplo, si una norma interna trata como dividendos a los beneficios obtenidos por un accionista cuando la sociedad rescata algunas de sus acciones: por mucho que dicho rescate pueda constituir una enajenación a los efectos del apartado 5 del artículo 13, el párrafo 28 del Comentario al artículo 10 reconoce que dichos beneficios constituirán dividendos a los efectos del artículo 10 si son tratados como tales conforme a la legislación interna.

26.1. En tercer lugar, resulta posible denegar la aplicación de las disposiciones del convenio en los casos en que se identifique un uso abusivo de tales disposiciones de acuerdo con el apartado 7 del artículo [X] [la NPP] o, en su defecto, de acuerdo con los principios expuestos en los párrafos 13 y 14 supra. Llegados a ese caso, no se apreciará conflicto alguno con las disposiciones del convenio si los beneficios se deniegan en virtud del apartado 7 del artículo [X] (o los principios recogidos en los párrafos 13 y 14) o de las normas internas anti-abuso pertinentes. No obstante, las normas especiales anti-abuso internas a menudo hacen referencia a criterios objetivos, como la existencia de un determinado nivel de participación accionarial o un determinado ratio deuda-capital. Aunque la presencia de estos criterios objetivos facilita la aplicación de estas normas y proporciona una mayor certeza, es probable que éstas resulten de aplicación en casos en los que entrarían en conflicto con una disposición del Convenio y el apartado 7 no fuera aplicable para denegar los beneficios de dicha disposición (y tampoco lo sean los principios de los párrafos 13-14). En tal caso, el Convenio no permitirá la aplicación de la norma interna en la medida en que sea incompatible con el Convenio. Así ocurriría si tuviéramos una norma interna, adoptada por el Estado A para impedir cambios temporales de residencia fiscal, que estableciera la tributación de un residente del Estado B por unas ganancias derivadas de la enajenación de una propiedad situada en un tercer Estado en la medida en que dicha persona fuera residente del Estado A cuando adquirió la propiedad y también lo fuera durante al menos siete de los diez años siguientes a la enajenación. En ese caso, puesto que el apartado 5 del artículo 13 prohibiría al Estado A gravar las ganancias de esa persona derivadas de la enajenación de la propiedad, el Convenio impediría la aplicación de dicha norma interna a menos que los beneficios previstos en el apartado 5 del artículo 13 pudieran denegarse, en ese caso concreto, en virtud del apartado 7 o de los principios expuestos en los párrafos 13-14 supra.

26.2. En cuarto lugar, también es posible que la denegación de los beneficios del convenio venga provocada por la jurisprudencia o por principios interpretativos en materia de convenios (véase el párrafo 26.5 más adelante). En ese caso, no habrá conflicto con las disposiciones del convenio si los beneficios se deniegan en virtud tanto de una interpretación adecuada del convenio como de normas especiales anti-abuso internas. Suponga, por ejemplo, que la legislación interna del Estado A establece el gravamen de ganancias derivadas de la enajenación de acciones de una sociedad residente en la que el enajenante tenga una participación superior al 25 por ciento del capital si éste fue residente del Estado A durante al menos siete de los 10 años previos a la enajenación. En el año 2, una persona física que ha sido residente del Estado A durante los 10 años previos adquiere la residencia del Estado B. Poco después de hacerlo, la persona vende la totalidad de las acciones de una pequeña sociedad que él mismo había constituido en el Estado A. No obstante, los hechos revelan que en el año 1 ya estaban cerrados todos los elementos de la venta, que el comprador le concedió al vendedor un "préstamo" sin intereses en cuantía equivalente al precio de venta, que el comprador canceló el préstamo en cuanto se ejecutó la venta de las acciones en el año 2 y que el comprador ejercitó, de facto, el control sobre la sociedad desde el año 1. Aunque la ganancia derivada de la venta de las acciones pudiera en principio acogerse al apartado 5 del artículo 13 del convenio suscrito entre los Estados A y B, las circunstancias que rodean a la transmisión de las acciones son tales que puede entenderse que la enajenación realizada en el año 2 constituye una simulación conforme al significado que los tribunales del Estado A atribuyen al término. Siendo éste el caso, en la medida en que la jurisprudencia desarrollada por los tribunales del Estado A en materia de simulación no entre en conflicto con las normas de interpretación de los convenios, será posible aplicar dicha doctrina a la hora de interpretar el apartado 5 del artículo 13 del convenio entre los Estados A y B, permitiendo así que el Estado A grave la ganancia conforme a su norma interna.

Normas generales anti-abuso

26.3 Muchos países incluyen en su ordenamiento interno una norma anti-abuso de alcance general diseñada para combatir las estrategias abusivas que no queden cubiertos adecuadamente por las normas especiales anti-abuso o la jurisprudencia.

26.4. Estas normas generales anti-abuso también suscitan dudas sobre su posible conflicto con las disposiciones de un convenio. No obstante, en la gran mayoría de los casos no surgirá conflicto alguno. En primer lugar, los conflictos pueden evitarse por las razones ya vistas en los párrafos 25 y 26 previos. Además, cuando los elementos fundamentales de estas normas generales anti-abuso sean acordes con el principio recogido en el párrafo 14 y sean por tanto similares a los elementos del apartado 7 del artículo [X], que codifica este principio rector, es evidente que no habrá ningún conflicto, pues la norma general anti-abuso interna será aplicable en las mismas circunstancias en que lo serían el apartado 7 o, en el caso de que el convenio no lo incluya, el principio rector del párrafo 14 supra.

Doctrinas jurisprudenciales que son parte del ordenamiento interno

26.5. A la hora de interpretar la legislación tributaria en casos de elusión fiscal, los tribunales de muchos países han desarrollado una serie de doctrinas jurisprudenciales o principios interpretativos. Doctrinas como, por ejemplo, la primacía del fondo sobre la forma, la sustancia económica, la simulación, el propósito comercial, la doctrina de las operaciones complejas —step transaction doctrine—, el abuso de Derecho y el fraus legis. Estas doctrinas y principios interpretativos, que difieren en cada país y evolucionan con el tiempo en función de los cambios y mejoras que introducen las sentencias posteriores, representan el punto de vista de los tribunales sobre cómo ha de interpretarse la legislación tributaria. Aunque la interpretación de los convenios tributarios está regida por las normas generales de interpretación codificadas en los artículos 31 a 33 de la Convención de Viena sobre el Derecho de los Tratados, estas normas generales no constituyen un obstáculo para la aplicación de doctrinas jurisprudenciales y principios interpretativos similares. Si, por ejemplo, los tribunales de un país han decidido que las disposiciones tributarias internas deberían aplicarse partiendo de la sustancia económica de ciertas operaciones, nada impide que pueda adoptarse una postura similar a la hora de aplicar las disposiciones de un convenio a esas operaciones. Esto queda ilustrado en el ejemplo del párrafo 26.2 supra.

26.6. Con carácter general, y teniendo en cuenta el párrafo 14, el análisis previo permite concluir que no habrá conflicto entre los convenios tributarios y las doctrinas jurisprudenciales anti-abuso o las normas generales anti-abuso. Por ejemplo, en la medida en que la aplicación de una norma general anti-abuso interna o una doctrina jurisprudencial como la primacía del fondo sobre la forma o la sustancia económica dé lugar a una recalificación de la renta o a una redefinición del contribuyente que se entiende que recibe tal renta, las disposiciones del Convenio serán de aplicación teniendo en cuenta estos cambios.

26.7. Aun cuando estas normas no son contrarias a los convenios tributarios, se está de acuerdo en el hecho de que los países miembros deben cumplir rigurosamente las obligaciones establecidas en los convenios tributarios en materia de eliminación de la doble imposición mientras no exista evidencia clara de un uso indebido de los convenios.

Normativa sobre sociedades extranjeras controladas

26.8 Un número significativo de países ha adoptado una normativa en materia de transparencia fiscal internacional —CFC— para combatir el uso de sociedades extranjeras controladas. Aunque el contenido de cada normativa sobre transparencia fiscal internacional —CFC—, hoy en día considerada en el ámbito internacional como un instrumento legítimo para proteger la base imponible nacional, varía considerablemente en función del país, todas ellas comparten un rasgo común, y es que permiten que un Estado contratante grave a sus residentes por la renta atribuible a su participación en determinadas entidades extranjeras. A veces se ha argumentado, basándose en cierta interpretación de determinadas disposiciones del Convenio como el apartado 1 del artículo 7 y el apartado 5 del artículo 10, que el citado rasgo común de las normativas sobre transparencia fiscal internacional —CFC— es contrario a dichas disposiciones. Sin embargo, puesto que este tipo de normativa da lugar a que un Estado grave a sus propios residentes, el apartado 3 del artículo 1 confirma que no contraviene los convenios. Se puede llegar a esta misma conclusión respecto de los convenios que no integren una cláusula similar a la del apartado 3 del artículo 1; por las razones explicadas en los párrafos 14 del Comentario al artículo 7 y 37 del Comentario al artículo 10, la interpretación según la cual estos artículos impedirían la aplicación de la normativa sobre transparencia fiscal internacional

—CFC— no es conforme al texto del apartado 1 del artículo 7 y el apartado 5 del artículo 10. Tampoco puede mantenerse esta interpretación cuando se leen estas disposiciones en su contexto. Por ello, aunque algunos países hayan considerado que es útil precisar expresamente en sus convenios que la normativa sobre transparencia fiscal internacional —CFC— no es contraria al Convenio, dicha precisión es innecesaria. Se reconoce que la normativa sobre transparencia fiscal internacional —CFC— que presenta esta configuración no contraviene las disposiciones del Convenio.

60. A continuación se tratan dos cuestiones concretas relacionadas con la interacción entre los convenios y normas especiales anti-abuso internas. La primera de ellas está relacionada con aquellas normas anti-abuso internas presentes en la legislación interna de un Estado que buscan impedir que sus propios residentes sigan estrategias elusivas. La segunda cuestión, relacionada indirectamente con la primera, cubre la aplicación de los convenios a los denominados impuestos de salida.

a) Aplicación de los convenios para restringir la potestad de gravamen de un Estado contratante sobre sus propios residentes

61. La mayoría de las disposiciones recogidas en los convenios tienen como finalidad restringir la potestad de gravamen de un Estado contratante sobre los residentes del otro Estado contratante. Sin embargo, en algunos casos, se ha dicho que ciertas disposiciones dirigidas al gravamen de no residentes pueden interpretarse en el sentido de limitar la potestad de gravamen de un Estado contratante sobre sus propios residentes. Tanto el párrafo 6.1 del Comentario al artículo 1 (que cubre la potestad de un Estado contratante de gravar a los socios de una sociedad de personas —*partnership*— que sean residentes de su Estado en concepto de las rentas de la sociedad que le correspondan cuando ésta sea residente del otro Estado contratante) como el párrafo 23 de ese mismo Comentario (que cubre la normativa sobre transparencia fiscal internacional, véase también el párrafo 14 del Comentario al artículo 7 en el mismo sentido) han rechazado tales interpretaciones

62. Se llegó a la conclusión de que el principio recogido en el párrafo 6.1 del Comentario al artículo 1 debería ser de aplicación respecto de la gran mayoría de las disposiciones del Modelo de Convenio Tributario para así evitar aquellas interpretaciones que traten de eludir la aplicación de las normas anti-abuso internas de un Estado contratante (como mostraba el ejemplo de la normativa sobre transparencia fiscal internacional —CFC—). Este planteamiento coincide con una práctica seguida durante mucho tiempo por Estados Unidos en sus convenios, donde la denominada cláusula de salvaguarda —*saving clause*—[16] confirma el derecho de los Estados contratantes a gravar a sus residentes (y ciudadanos en el caso de Estados Unidos) independientemente de lo que prevean otras disposiciones del convenio, salvo aquéllas que están claramente diseñadas para aplicarse a los residentes, como las relativas a la corrección de la doble imposición.

63. Como consecuencia de dicha decisión, se incorporarán los siguientes cambios al Modelo de Convenio Tributario.

Añadir el siguiente apartado 3 al artículo 1:

3. Este Convenio no afectará al gravamen que un Estado contratante pueda imponer sobre sus residentes, salvo respecto de los beneficios que se concedan en virtud del apartado 3 del artículo 7, del apartado 2 del artículo 9 y de los artículos 19, 20, 23 A [23 B], 24, 25 y 28.

Añadir los párrafos 26.17 a 26.21 al Comentario al artículo 1 (se requerirán otros cambios en el Comentario):

26.17. Pese a que algunas de las disposiciones del Convenio (por ejemplo los artículos 23 A y 23 B) están claramente diseñadas para condicionar cómo puede gravar un Estado contratante a sus residentes, el objetivo de la mayoría de las disposiciones del Convenio es restringir la potestad de un Estado contratante de gravar a los residentes del otro Estado contratante. Sin embargo, se ha dicho en ocasiones que ciertas disposiciones pueden interpretarse en el sentido de limitar la potestad de gravamen de un Estado contratante sobre sus propios residentes en casos en los cuales ésta no era la pretensión de dichas disposiciones (véase por ejemplo el párrafo 23 supra, que trata el caso de la normativa sobre transparencia fiscal internacional —CFC—).

26.18. El apartado 3 confirma el principio general de que el Convenio no restringe la potestad de un Estado contratante de gravar a sus propios residentes, salvo en los casos en que se pretenda que así sea, y enumera las disposiciones respecto de las cuales este principio no aplica.

26.19. Las excepciones enumeradas pretenden cubrir todos aquellos casos en los que el Convenio estipula que un Estado contratante puede tener que conceder beneficios a sus propios residentes (independientemente de que estos beneficios estén previstos o no en la legislación interna de ese Estado). Estas disposiciones son:

- ***El apartado 3 del artículo 7, que obliga al Estado contratante a practicar un ajuste correlativo tras el ajuste inicial realizado por el otro Estado contratante sobre los beneficios atribuibles al establecimiento permanente de la empresa en virtud del apartado 2 del artículo 7.***
- ***El apartado 2 del artículo 9, que exige que el Estado contratante conceda a una empresa de ese Estado un ajuste correlativo tras el ajuste inicial realizado por el otro Estado contratante sobre la base imponible de una empresa asociada.***
- ***El artículo 19, que puede afectar al modo en que un Estado contratante puede gravar a una persona física residente de su Estado cuando ésta obtenga renta por servicios que haya prestado al otro Estado contratante o a una de sus subdivisiones políticas o entidades locales.***
- ***El artículo 20, que puede influir en el gravamen de un Estado contratante sobre una persona física residente de dicho Estado cuando dicha persona sea un estudiante que cumple los requisitos de este artículo.***
- ***Los artículos 23 A y 23 B, que obligan al Estado contratante a corregir la doble imposición soportada por sus residentes respecto de rentas que el otro Estado pueda gravar conforme al Convenio (incluyendo los beneficios que sean atribuibles al establecimiento permanente situado en el otro Estado contratante en virtud del apartado 2 del artículo 7).***
- ***El artículo 24, que protege a los residentes de un Estado contratante frente a ciertas prácticas tributarias discriminatorias realizadas por ese Estado (como aquellas normas que discriminen entre dos personas en función de su nacionalidad)***
- ***El artículo 25, que habilita a los residentes de un Estado contratante a solicitar a la autoridad competente de ese Estado que revise aquellos***

casos en los cuales pueda haber una imposición no conforme con el Convenio.

- ***El artículo 28, que puede afectar al modo en que un Estado contratante puede gravar a una persona física residente de su Estado cuando esa persona sea miembro de una misión diplomática o de una oficina consular del otro Estado contratante.***

26.20. La lista de excepciones recogida en el apartado 3 debería incluir cualquier otra disposición que los Estados contratantes acuerden introducir en sus convenios bilaterales cuando se pretenda que ésta afecte al gravamen que un Estado contratante pueda establecer sobre sus propios residentes. Por ejemplo, si los Estados contratantes acuerdan incluir en su convenio bilateral una disposición conforme a la cual las pensiones y otros pagos efectuados en aplicación de la legislación sobre seguridad social de un Estado contratante se sometan a imposición únicamente en dicho Estado (de acuerdo con el párrafo 27 del Comentario al artículo 18), deberían incluir una referencia a dicha disposición en la lista de excepciones del apartado 3.

26.21. El término "residente", utilizado en el apartado 3 y a lo largo de todo el Convenio, está definido en el artículo 4. Cuando, en virtud del apartado 1 del artículo 4, una persona sea residente de ambos Estados contratantes conforme a sus respectivas legislaciones internas, los apartados 2 y 3 de este artículo establecen un único Estado de residencia a los efectos del Convenio. De esta manera, el apartado 3 no resulta aplicable a las personas físicas o jurídicas residentes de uno de los Estados contratantes conforme a la legislación de ese Estado sino a la persona que, a los efectos del Convenio, sea considerada residente únicamente de un Estado contratante.

64. Durante los trabajos sobre esta nueva disposición se trataron una serie de cuestiones relacionadas con la corrección de la doble imposición. Se llegó a la conclusión de que, por principio, los artículos 23 A y 23 B del Modelo de Convenio de la OCDE sólo obligan a un Estado contratante a corregir la doble imposición cuando la renta resultaba gravable en el otro Estado contratante de acuerdo con las disposiciones del convenio, que permitían a dicho Estado gravar la renta en cuestión como Estado de la fuente o como el Estado donde se encuentra el establecimiento permanente al cual dicha renta resulta atribuible. En la última etapa de dichos trabajos, se pusieron encima de la mesa las siguientes propuestas para cambiar los artículos 23 A y 23 B con la intención de confirmar ese principio. Se prevé finalizar los trabajos sobre esta propuesta en el primer semestre de 2016, permitiendo así que su resultado pueda ser considerado en el marco de la negociación del instrumento multilateral, que está llamado a implementar las medidas relativas a los convenios previstas en el Plan de Acción BEPS:

Reemplazar el apartado 1 del artículo 23 de la siguiente manera:

1. Cuando un residente de un Estado contratante obtenga rentas o posea elementos patrimoniales que ***pueden someterse a imposición en el otro Estado contratante***~~,~~ de acuerdo con lo dispuesto en el presente Convenio~~,~~ ***(a menos que estas disposiciones permitan el gravamen de ese otro Estado contratante únicamente porque esa renta también es renta obtenida por un residente de ese Estado)*** ~~pueden someterse a imposición en el otro Estado contratante~~, el Estado mencionado en primer lugar dejará exentas tales rentas o elementos patrimoniales, sin perjuicio de lo dispuesto en los apartados 2 y 3.

Reemplazar el apartado 1 del artículo 23 B de la siguiente manera:

1. Cuando un residente de un Estado contratante obtenga rentas o posea elementos patrimoniales que ***pueden someterse a imposición en el otro Estado contratante***~~,~~ de acuerdo con las disposiciones del presente Convenio~~,~~ ***(a menos que estas disposiciones permitan el gravamen de ese otro Estado contratante únicamente porque esa renta también es renta obtenida por un residente de ese Estado)*** ~~pueden someterse a imposición en el otro Estado contratante~~, el Estado mencionado en primer lugar admitirá:

a) la deducción en el impuesto sobre las renta de ese residente de un importe igual al impuesto sobre la renta pagado en ese otro Estado;

b) la deducción en el impuesto sobre el patrimonio de ese residente de un importe igual al impuesto sobre el patrimonio pagado en ese otro Estado.

En uno y otro caso, dicha deducción no podrá, sin embargo, exceder de la parte del impuesto sobre la renta o sobre el patrimonio, calculado antes de la deducción, correspondiente, según el caso, a las rentas o el patrimonio que pueden someterse a imposición en ese otro Estado.

Añadir el siguiente párrafo 11.1 al Comentario a los artículos 23 A y 23 B (pueden requerirse otros cambios en el Comentario)

11.1. En algunos casos, es posible que una misma renta o elemento patrimonial pueda ser gravado por cada Estado contratante como renta o elemento patrimonial de uno de sus residentes. Esto puede suceder, por ejemplo, cuando uno de los Estados contratantes grava la renta mundial de una entidad residente de ese Estado mientras que el otro Estado trata a esa entidad como transparente desde el punto de vista fiscal y grava a los miembros de dicha entidad que sean residentes de ese otro Estado respecto del porcentaje de rentas en la entidad que les correspondan. La frase "(a menos que estas disposiciones permitan el gravamen de ese otro Estado contratante únicamente porque esa renta también es renta obtenida por un residente de ese Estado)" aclara que, en tales casos, los dos Estados no estarán obligados de manera recíproca a corregir la doble imposición por el gravamen impuesto por el otro en función de la residencia del contribuyente y que, por tanto, un Estado sólo estará obligado a corregir la doble imposición en la medida en que el otro Estado, conforme a las disposiciones del Convenio, grave la renta en cuestión como Estado de la fuente o como Estado donde se encuentra el establecimiento permanente al que la renta resulta atribuible, excluyendo así el gravamen que sólo sería conforme al apartado 3 del artículo 1. Aunque dicha conclusión se deriva lógicamente de la redacción de los artículos 23 A y 23 B aún en ausencia de dicha frase, su inclusión elimina cualquier duda al respecto.

b) Impuestos de salida

65. En algunos Estados la obligación de tributar por ciertos tipos de rentas acumuladas — pero todavía no realizadas— en beneficio de un residente (persona física o jurídica) nace cuando el residente deja de ser residente de ese Estado. Tales impuestos se denominan con carácter general "impuestos de salida" y pueden ser de aplicación, por ejemplo, sobre derechos adquiridos sobre pensiones o sobre ganancias de capital latentes no realizadas.

66. En la medida en que la obligación tributaria surja cuando una persona es todavía residente de un Estado y éste aplique el impuesto sin extender su alcance a rentas posteriores al cese de residencia, ninguna disposición del convenio, en particular los artículos 13 y 18, impedirá la aplicación de ese tipo de obligaciones tributarias. De esta manera, los convenios tributarios no impiden la aplicación de normas tributarias internas conforme a las cuales se considere que una persona, inmediatamente antes de dejar de ser residente, ha percibido una pensión o ha enajenado propiedad a efectos del gravamen de la ganancia de capital que se derive de dicha enajenación. Las disposiciones de los convenios tributarios no regulan en qué momento se entiende realizada una renta a los efectos de la tributación interna (véanse, por ejemplos, los párrafos 3 y del 7 al 9 del Comentario al artículo 13); además, como las disposiciones de los convenios son aplicables independientemente del momento en que se pague el impuesto (véase, por ejemplo, el párrafo 12.1 del Comentario al artículo 15), no es relevante el momento en que estos impuestos resulten exigibles. No obstante, la aplicación de este tipo de impuestos genera un riesgo de doble imposición cuando la persona en cuestión pasa a ser residente de otro Estado, que igualmente buscar gravar esa misma renta en un momento posterior, por ejemplo, cuando la persona reciba efectivamente la pensión o cuando venda los activos a terceros. Este problema, consecuencia de que una persona sea residente de dos Estados en momentos diferentes y que esos Estados ejerzan su potestad tributaria ante diferentes hechos imponibles, se discute en los párrafos 4.1 a 4.3 del Comentario al artículo 23 A y 23 B. Como señalaba el párrafo 4.3 de dicho Comentario, que trataba un ejemplo similar en el que dos Estados de residencia gravan el beneficio derivado de una opción sobre acciones para empleados en diferentes momentos:

> Podría usarse el procedimiento amistoso para resolver este caso. Una base posible para resolverlo sería que las autoridades competentes estuvieran dispuestas a acordar que concederán la desgravación del impuesto exigido por el otro Estado aplicando el criterio de residencia en la parte del beneficio que esté vinculado a los servicios prestados durante el tiempo en que el empleado fue residente de ese otro Estado.

67. De acuerdo con este criterio, una posible forma de resolver las situaciones de doble imposición derivadas de la aplicación de los impuestos de salida sería que las autoridades competentes de los dos Estados involucrados acordaran, mediante procedimiento amistoso, que cada Estado debería conceder la desgravación del impuesto exigido por el otro Estado sobre aquella parte de la renta acumulada mientras la persona era residente de ese otro Estado. Esto significaría que el nuevo Estado de residencia concedería la desgravación respecto del impuesto de salida exigido por el previo Estado de residencia sobre la renta acumulada mientras la persona fue residente de este último Estado, a menos que el nuevo Estado de residencia hubiera tenido potestad de gravamen sobre esa renta como Estado de la fuente en el momento en que se gravó tal renta (por ejemplo, como resultado de los apartados 2 y 4 del artículo 13). Los Estados que deseen este resultado pueden incluir disposiciones en sus convenios tributarios en este sentido.

B. Aclaración de que los convenios tributarios no están concebidos para provocar doble no imposición

68. La segunda parte del trabajo encomendado por la Acción 6 consistía en "aclarar que los convenios tributarios no están concebidos para provocar doble no imposición".

69. Las disposiciones actuales de los convenios se elaboraron con el objetivo principal de impedir la doble imposición. Así quedó reflejado en el título propuesto por el Proyecto de Convenio de Doble Imposición sobre la Renta y el Patrimonio de 1963 y por el Modelo de Convenio de Doble Imposición sobre la Renta y el Patrimonio de 1977, que decía así:

> Convenio entre (Estado A) y (Estado B) para la eliminación de la doble imposición respecto de impuestos sobre la renta y el patrimonio

70. Sin embargo, en 1977, se modificó el Comentario al artículo 1 para manifestar expresamente que los convenios tributarios no pretendían estimular la elusión y evasión fiscales. La parte en cuestión del párrafo 7 del Comentario decía así:

> El objetivo de los convenios de doble imposición es promover los intercambios de bienes y servicios y los movimientos de capitales y personas mediante la eliminación de la doble imposición internacional; sin embargo, éstos no deberían contribuir a la elusión y evasión fiscales

71. En 2003 se modificó ese párrafo a fin de aclarar que la prevención de la elusión fiscal también era un objetivo de los convenios. El párrafo 7 está redactado así actualmente:

> El principal objetivo de los convenios de doble imposición es promover los intercambios de bienes y servicios y los movimientos de capitales y personas mediante la eliminación de la doble imposición internacional. Asimismo, dichos convenios tienen como fin evitar la elusión y la evasión fiscales.

72. A fin de ofrecer la aclaración requerida por la Acción 6 se ha decidido manifestar claramente, en el título recomendado por el Modelo de Convenio Tributario de la OCDE, que uno de los objetivos de los convenios es evitar la evasión y elusión fiscales. Asimismo, se ha decidido que el Modelo de Convenio Tributario de la OCDE debería recomendar un preámbulo que establezca expresamente que los Estados que firmen un convenio buscan eliminar la doble imposición sin que ello conlleve la generación de oportunidades para la elusión y evasión fiscales. Teniendo en cuenta la preocupación que suscitan las estrategias de *treaty shopping* (captación de convenios), se ha decidido igualmente incluir una referencia explícita a este tipo de estrategias como un ejemplo de elusión fiscal que no debería derivarse de los convenios. A continuación se indican los cambios que se introducirán en el Modelo de Convenio Tributario de la OCDE como resultado del trabajo sobre la Acción 6 en este aspecto:

Reemplazar el Título del Convenio (incluida su nota al pie) por el siguiente:

> ***Convenio entre (Estado A) y (Estado B) para la eliminación de la doble imposición en materia de impuestos sobre la renta y sobre el patrimonio y para la prevención***

de la elusión y evasión fiscales ~~Convenio entre (Estado A) y (Estado B) en materia de impuestos sobre la renta y sobre el patrimonio1~~

~~1. Los Estados que lo deseen pueden seguir la práctica muy extendida de incluir en el título la referencia a la eliminación de la doble imposición, o a la eliminación de la doble imposición y a la prevención de la evasión fiscal.~~

Reemplazar el encabezado "Preámbulo del Convenio" (incluida su nota al pie) por el siguiente:

~~PREÁMBULO DEL CONVENIO~~

~~1. El Preámbulo del Convenio deberá redactarse de acuerdo con los procedimientos constitucionales de cada Estado contratante.~~

PREÁMBULO DEL CONVENIO

(Estado A) y (Estado B),

Deseando desarrollar sus relaciones económicas y fortalecer su cooperación en materia tributaria,

Con la intención de concluir un Convenio para la eliminación de la doble imposición en materia de impuestos sobre la renta y sobre el patrimonio sin que ello conlleve la generación de oportunidades para la doble no imposición o la imposición reducida a través de la elusión o la evasión fiscales (también a través de estrategias de treaty shopping —captación de convenios— que buscan obtener los beneficios previstos en este Convenio para el beneficio indirecto de residentes de terceros Estados)

Han convenido lo siguiente:

73. Recoger en el preámbulo una declaración de intenciones explícita por parte de los firmantes de un convenio tributario será relevante a la hora de interpretar y aplicar las disposiciones de ese convenio. De acuerdo con la norma básica de interpretación de convenios del artículo 31(1) de la *Convención de Viena de Derecho de los Tratados*, "Un tratado deberá interpretarse de buena fe conforme al sentido corriente que haya de atribuirse a los términos del tratado ***en el contexto de estos*** y teniendo en cuenta ***su objeto y fin***" [sin negrita en el original]. El artículo 31(2)[17] de la Convención confirma que, a los efectos de esta norma básica, el contexto de un convenio incluye su preámbulo[18].

74. Los cambios al Título y al Preámbulo arriba mencionados se complementarán con los siguientes cambios:

Reemplazar los párrafos 2 y 3 de la Introducción por lo siguiente:

2. Los países miembros de la Organización para la Cooperación y el Desarrollo Económicos vienen reconociendo desde hace décadas la conveniencia de aclarar, normalizar y garantizar la situación fiscal de los contribuyentes que efectúen operaciones comerciales, industriales, financieras o de otra naturaleza en otros países mediante la aplicación, por todos ellos, de soluciones comunes en idénticos supuestos de doble imposición. ***Estos países también vienen reconociendo la necesidad de mejorar la cooperación administrativa en materia tributaria, especialmente a través del intercambio de información y de la asistencia en la recaudación de impuestos, con el fin de evitar la evasión y elusión fiscales.***

3. ***Éstos son los*** ~~Este es el~~ objeto*s* principal*es* del Modelo de Convenio tributario sobre la Renta y sobre el Patrimonio, que ofrece los medios para resolver, sobre una base uniforme, los problemas que se plantean con mayor frecuencia en el campo de la doble imposición jurídica. Conforme a las recomendaciones del Consejo de la OCDE[1], cuando los países miembros firmen nuevos Convenios bilaterales o revisen los existentes, deberán ajustarse a este Convenio Modelo, tal como lo interpretan los Comentarios al mismo y teniendo en cuenta las reservas que comprende. Además, cuando sus autoridades fiscales apliquen e interpreten las disposiciones de los respectivos convenios tributarios bilaterales basados en el Convenio Modelo, deberían seguir dichos Comentarios, tal como resulten de sus modificaciones periódicas, y sujetos a sus respectivas observaciones.

[*Nota al pie al párrafo 3*] *1. Véase el Anexo*

Reemplazar el párrafo 16 de la introducción por lo siguiente:

16. Tanto en el Proyecto de Convenio de 1963 como en el Convenio Modelo de 1977, el título del Convenio Modelo incluía una referencia a la eliminación de la doble imposición. ~~Posteriormente~~ ***En 1992*** se decidió utilizar un título más corto que no ~~incluye~~ ***incluía*** esa referencia en virtud de que el Convenio Modelo no trata exclusivamente de la eliminación de la doble imposición, sino que también contempla otros aspectos tales como la prevención de la evasión ***y la elusión*** fiscal y la no discriminación. El cambio se ~~ha reflejado~~ ***reflejó*** en la cubierta de esta publicación así como en el propio Convenio Modelo. Sin embargo, se ~~entiende~~ ***entendía*** que la práctica de muchos países miembros ~~continúa~~ ***continuaba*** siendo la de incluir en el título una referencia a la eliminación de la doble imposición o a la eliminación de la doble imposición y la prevención de la evasión fiscal ***pues ello permitía enfatizar los propósitos del Convenio.***

16.1. Como resultado de los trabajos realizados en el seno del Plan de Acción de la OCDE contra la erosión de la base imponible y el traslado de beneficios, en [año] el Comité decidió modificar el título del Convenio e incluir un preámbulo. A través de los cambios introducidos se reconocía expresamente que los objetivos del Convenio no se circunscriben a la eliminación de la doble imposición y que los Estados contratantes no pretenden que las disposiciones del Convenio generen oportunidades para la doble no imposición o la imposición reducida a través de la evasión y elusión fiscales. Teniendo en cuenta la preocupación en torno a la erosión de la base imponible y el traslado de beneficios surgidos a partir de las estrategias de treaty shopping (captación de convenios), se decidió hacer una referencia expresa a este tipo de estrategias dentro de los ejemplos de elusión fiscal que no deberían derivarse de los convenios tributarios, entendiéndose que éste era sólo un ejemplo más de los supuestos de elusión fiscal que los Estados contratantes deseaban evitar.

16.2. Puesto que el título y el preámbulo forman parte del contexto del Convenio[1] ***y constituyen una declaración general del objetivo y fin del Convenio, deberían jugar un papel importante en la interpretación de las disposiciones del Convenio. De acuerdo con la norma general de interpretación recogida en el artículo 31(1) de la Convención de Viena sobre Derecho de los Tratados, "Un tratado deberá interpretarse de buena fe conforme al sentido corriente que haya de atribuirse a los términos del tratado en el contexto de estos y teniendo en cuenta su objeto y fin."***

[Nota al pie el párrafo 16.2:]. 1. Véase el artículo 31(2) de la Convención de Viena sobre Derecho de los Tratados

C. Consideraciones de política fiscal que, en general, los países deberían tener en cuenta antes de suscribir un convenio con otro país

75. La tercera parte del trabajo encomendado por la Acción 6 implicaba "identificar las consideraciones de política fiscal que los países deberían tener en cuenta antes de suscribir un convenio con otro país".

76. Se convino que una articulación más clara de las consideraciones políticas que los países deberían tener en cuenta antes de celebrar un convenio tributario puede ayudar a los países a justificar su decisión de no suscribir un convenio con ciertas jurisdicciones de baja o nula tributación. No obstante, también se admitió que existen múltiples factores no fiscales que pueden llevar a la firma de un convenio tributario y que cada país es soberano para decidir firmar convenios con la jurisdicción que desee.

77. En el curso de los trabajos en esta parte de la Acción 6, se decidió que los resultados de dicho trabajo deberían reflejar el hecho de que muchas de las consideraciones de política fiscal que son relevantes a la hora de concluir un convenio son igualmente relevantes a la hora de modificar (o terminar) uno concluido previamente en el caso de que sobrevenga un cambio de circunstancias (por ejemplo cambios en la legislación interna del otro Estado contratante) que suscite problemas BEPS respecto de ese convenio.

78. Se introducirán los siguientes cambios en la Introducción del Modelo de Convenio Tributario de la OCDE como resultado del trabajo realizado por la Acción 6 en este punto:

Incluir los siguientes párrafos y el nuevo encabezado inmediatamente después del párrafo 15 de la Introducción al Modelo de Convenio Tributario de la ODCE (el actual apartado C de la Introducción pasará a ser el apartado D):

C. Consideraciones de política fiscal relevantes a la hora de decidir la firma de un nuevo convenio o la modificación de un convenio vigente

15.1. En 1997 el Consejo de la OCDE adoptó una recomendación conforme a la cual los gobiernos de los países miembros debían proseguir sus esfuerzos por firmar convenios tributarios bilaterales con países miembros, y cuando sea oportuno con países no miembros, con los que aún no lo hubieran hecho. Aunque es el Estado quien debe tomar la decisión de celebrar o no un convenio con otro país teniendo en cuenta diversos factores, tanto fiscales como no fiscales, las consideraciones de política fiscal generalmente jugarán un papel fundamental en la toma de dicha decisión. Los siguientes párrafos describen algunas de estas consideraciones de política fiscal que son relevantes a la hora de celebrar o no un convenio con un Estado, modificar o reemplazar uno vigente o incluso, como último recurso, terminar un convenio (teniendo en cuenta que la terminación de un convenio tiene un impacto negativo en un gran número de contribuyentes que nada tienen que ver con los casos que han dado lugar a la terminación del convenio).

15.2. Puesto que uno de los objetivos principales de los convenios es evitar la doble imposición para así reducir los obstáculos fiscales a la inversión, al

comercio y a la prestación de servicios transfronterizos, los riesgos de doble imposición derivados de la interacción de los sistemas fiscales de los dos Estados involucrados será una de las principales preocupaciones. Dichos riesgos adquirirán mayor relevancia en los casos en que exista un nivel significativo — actual o futuro— de inversión y comercio entre ambos Estados. La mayoría de las disposiciones de los convenios tributarios buscan paliar la doble imposición a través de la distribución de potestades tributarias entre los dos Estados, asumiendo que si un Estado acepta una disposición del convenio que restringe su derecho a gravar ciertos elementos de renta, generalmente lo hace entendiendo que dichos elementos de renta son gravables en el otro Estado. Cuando un Estado impone un nivel de gravamen sobre la renta bajo o nulo, los demás Estados deberían valorar si existen riesgos de doble imposición que justificarían, por sí solos, la existencia de un convenio. Los Estados también deberían tener en cuenta si existen elementos en el sistema tributario del otro Estado que podrían incrementar el riesgo de doble no imposición, como las ventajas fiscales diseñadas de tal forma que no afectan a la economía interna de ese Estado.

15.3. En consecuencia, dos Estados que se plantean celebrar un convenio deberían evaluar hasta qué punto existen riesgos de doble imposición en las situaciones transfronterizas que involucran a sus residentes. Las disposiciones internas dirigidas a la corrección de la doble imposición (generalmente a través del método de la exención o del crédito) ya son capaces de eliminar un gran número de casos de doble imposición jurídica residencia-fuente sin necesidad de que exista un convenio tributario. Aunque es probable que dichas disposiciones internas cubran la mayoría de los casos de doble imposición jurídica residencia-fuente, no cubrirán todos los casos de doble imposición, sobre todo cuando existan diferencias significativas en las normas de fuente de ambos Estados, o cuando la legislación interna de estos Estados no permita la corrección unilateral de la doble imposición económica (por ejemplo en el caso de un ajuste de precios de transferencia realizado por el otro Estado).

15.4. Otra consideración de política fiscal que resulta de relevancia a la hora de celebrar un convenio es el riesgo de una imposición excesiva como consecuencia de unos tipos de retención muy elevados en el Estado de la fuente. Aunque los mecanismos de corrección de la doble imposición garantizan, con carácter general, que una retención alta no dé lugar a una doble imposición, en la medida en que el impuesto en el Estado de la fuente sobrepase el impuesto que correspondería en el Estado de la residencia, dicha retención podría tener un efecto perjudicial en la inversión y en el comercio transfronterizo.

15.5. También deberían tenerse en cuenta a la hora de celebrar un convenio otras consideraciones fiscales que tienen que ver con otros elementos de los convenios que incentivan y promueven los lazos económicos entre los países, como la protección prevista en el artículo 24 frente al tratamiento fiscal discriminatorio de una inversión extranjera, la mayor certeza en el tratamiento fiscal de los contribuyentes que tienen derecho a los beneficios del convenio y el hecho de que los convenios ofrecen mecanismos para la resolución de conflictos tributarios transfronterizos a través del procedimiento amistoso (junto con el arbitraje para los Estados contratantes que opten por esta vía).

15.6. Al ser la prevención de la elusión y la evasión fiscales un objetivo importante de los convenios tributarios, los Estados deberían valorar si sus

***futuros socios de convenio están dispuestos a poner en marcha las disposiciones de los convenios en materia de asistencia administrativa y además tienen los medios para hacerlo, por ejemplo habría que evaluar si tendrían capacidad para intercambiar información tributaria, pues éste es un elemento clave a la hora de decidir si suscribir o no un convenio tributario. La capacidad y la disposición de un Estado de ofrecer asistencia en la recaudación de impuestos también debería ser un factor relevante a tener en cuenta. No obstante, debe señalarse que, a falta de un riesgo real de doble imposición, estas disposiciones administrativas no constituyen por sí mismas fundamento suficiente para la existencia un convenio ya que es posible alcanzar dicha asistencia administrativa a través de acuerdos alternativos más específicos, como un acuerdo de intercambio de información o la participación en la Convención sobre asistencia administrativa mutua en materia fiscal*1.**

[Nota al pie al párrafo 15.6] ***Disponible en** www.oecd.org/tax/exchange-of-tax-information/48094024.pdf*

79. Como se ha mencionado previamente, muchas de las consideraciones de política fiscal relevantes a la hora de celebrar un convenio son igualmente relevantes a la hora de modificar (o, en última instancia, terminar) un convenio vigente, y esto es así porque un Estado contratante puede introducir cambios en su legislación interna con posterioridad a la firma del convenio que pueden suscitar problemas BEPS en relación con el convenio. Además, mientras se negocia un convenio, un Estado puede preocuparse por ciertos rasgos presentes en la legislación interna del otro Estado que pueden suscitar problemas BEPS, aún cuando dichas preocupaciones no sean razones de peso para negarse a suscribir un convenio con ese Estado.

80. Un Estado que tenga tales preocupaciones BEPS en relación con ciertos rasgos presentes en la legislación interna de su futuro socio de convenio, o bien en relación con ciertos cambios que puedan efectuarse con posterioridad a la firma del convenio, podría optar por proteger su base imponible frente a tales riesgos incluyendo disposiciones en sus convenios para restringir la concesión de sus beneficios respecto de contribuyentes que se beneficien de ciertas normas tributarias preferenciales o respecto de cambios drásticos que pueda introducir el otro Estado contratante en su legislación interna una vez firmado el convenio.

81. Las dos propuestas que se presentan a continuación buscan alcanzar dicho objetivo. Ambas propuestas se publicaron en mayo de 2015, quedando abiertas a consulta pública. No obstante, en paralelo, Estados Unidos publicó las nuevas versiones de normas similares[19], abriendo un plazo hasta el 15 de septiembre de 2015 para el envío de comentarios por parte de las partes interesadas. Cuando se debatían estas nuevas versiones de las normas estadounidenses se acordó que las propuestas aquí expuestas se examinarían de nuevo una vez Estados Unidos hubiera cambiado las suyas a la luz de los comentarios recibidos. Por esa razón, las propuestas aquí recogidas deberán ser revisadas y, si fuera necesario, finalizadas en el primer semestre de 2016, permitiendo así que las decisiones alcanzadas en relación con dichas propuestas puedan ser tenidas en cuenta en la negociación del instrumento multilateral llamado a implementar los resultados de los trabajos relacionados con los convenios dentro del Plan de Acción BEPS. Así pues, las propuestas que a continuación se exponen deben ser consideradas como un borrador sujeto a cambios:

[Propuesta 1 – una nueva disposición en el convenio sobre "regímenes fiscales especiales"

Nueva definición de "régimen fiscal especial" a incluir en el artículo 3 (Definiciones generales)

X) … la expresión "régimen fiscal especial" respecto de un elemento de renta o beneficio significa cualquier legislación, regulación o práctica administrativa que establezca un tipo de gravamen efectivo preferencial respecto de aquella renta o beneficio, incluyendo reducciones en el tipo de gravamen o en la base imponible. En materia de rentas financieras, la expresión régimen fiscal especial incluye permitir la deducibilidad de pagos de intereses ficticios independientemente de las obligaciones que generan dicho interés. No obstante, la expresión no cubrirá la legislación, regulación o práctica administrativa:

i) cuya aplicación no beneficie de manera desproporcionada a los intereses, cánones u otras rentas, o cualquier combinación de las mismas;

ii) excepto en el caso de rentas financieras, que exija un requisito de actividad sustancial;

iii) que esté diseñada para impedir la doble imposición;

iv) que adopte los principios recogidos en el artículo 7 (beneficios empresariales) o en el artículo 9 (empresas asociadas);

v) que sea aplicable respecto de personas dedicadas exclusivamente a promover actividades religiosas, benéficas, científicas, artísticas, culturales o pedagógicas;

vi) que sea aplicable respecto de personas dedicadas en exclusiva o prácticamente en exclusiva a proporcionar o gestionar pensiones o prestaciones por jubilación.

vii) que facilite la inversión en entidades con pluralidad de partícipes que poseen propiedad real (inmobiliaria), una cartera diversificada de valores, o cualquier combinación de las mismas, y que además están sujetas a una regulación de protección del inversor en el Estado contratante donde está constituida la entidad de inversión; o

viii) que los Estados contratantes hayan acordado que no constituye un régimen fiscal especial porque no da lugar a un tipo de gravamen efectivo bajo;"

Disposiciones del Protocolo

En relación con el subapartado X) del apartado 1 del artículo 3 (definiciones generales):

La expresión "régimen fiscal especial" incluirá:

a) En el caso de _______:

i) *[lista de la legislación, regulación y/o práctica administrativa correspondiente en el Estado contratante]*;

b) En el caso de _______:

i) [*lista de la legislación, regulación y/o práctica administrativa correspondiente en el Estado contratante*].

En relación con la letra *viii)* del subapartado (X) del apartado 1 del artículo 3 (definiciones generales):

La expresión "régimen fiscal especial" no incluirá:

a) En el caso de _______:

i) [*lista de la legislación, regulación y/o práctica administrativa correspondiente en el Estado contratante*];

b) En el caso de _______:

i) [*lista de la legislación, regulación y/o práctica administrativa correspondiente en el Estado contratante*].

Nuevas disposiciones para los artículos 11, 12 y 21

Nueva disposición para el artículo 11 (Intereses)

Los intereses procedentes de un Estado contratante cuyo beneficiario efectivo es un residente del otro Estado contratante pueden someterse a imposición en el Estado contratante mencionado en primer lugar de acuerdo con su legislación interna si dicho residente está sujeto en su Estado de residencia a un régimen fiscal especial respecto de los intereses en algún momento durante el periodo impositivo en que se paga el interés.

Nueva disposición para el artículo 12 (Cánones)

Los cánones procedentes de un Estado contratante y cuyo beneficiario efectivo es un residente del otro Estado contratante pueden someterse a imposición en el Estado contratante mencionado en primer lugar de acuerdo con su legislación interna si dicho residente está sujeto en su Estado de residencia a un régimen fiscal especial respecto de los cánones en algún momento durante el periodo impositivo en que se paga el canon.

Nueva disposición para el artículo 21 (Otras rentas)

Otras rentas procedentes de un Estado contratante y cuyo beneficiario efectivo es un residente del otro Estado contratante pueden someterse a imposición en el Estado contratante mencionado en primer lugar de acuerdo con su legislación interna si dicho residente está sujeto en su Estado de residencia a un régimen fiscal especial respecto de esas rentas en algún momento durante el periodo impositivo en que se pagan éstas.

[Propuesta 2 – Nueva norma general en el convenio para hacer que el convenio tributario responda ante ciertos cambios futuros en la legislación interna de un país

1. Si una vez firmado este Convenio, cualquiera de los Estados contratantes establece una exención fiscal en favor de las sociedades residentes por prácticamente toda su renta de fuente extranjera (incluyendo intereses y cánones), las disposiciones del artículo 10 (dividendos), 11 (intereses), 12 (cánones) y 21 (otras rentas) podrían

dejar de desplegar efectos en virtud del apartado 3 de este artículo respecto de pagos hechos a sociedades residentes de cualquiera de los Estados contratantes.

2. Si una vez firmado este Convenio, cualquiera de los Estados contratantes establece una exención fiscal en favor de las personas físicas residentes por prácticamente toda su renta de fuente extranjera (incluyendo intereses y cánones), las disposiciones del artículo 10, 11, 12 y 21 podrían dejar de desplegar efectos en virtud del apartado 3 de este artículo respecto de pagos hechos a personas físicas residentes de cualquiera de los Estados contratantes.

3. Si se satisface lo previsto en el apartado 1 o en el apartado 2 de este artículo, un Estado contratante puede notificar al otro Estado contratante a través de los canales diplomáticos que dejará de aplicar las disposiciones de los artículos 10, 11, 12 y 21. En tal caso, las disposiciones de estos artículos dejarán de desplegar efectos en ambos Estados contratantes respecto de los pagos realizados a personas físicas o sociedades, según proceda, en los seis meses siguientes a la fecha de la notificación escrita, y los Estados contratantes se consultarán mutuamente con el fin de modificar este Convenio para restablecer el equilibrio de los beneficios previstos en él.]

Notas

1. Véase www.treasury.gov/press-center/press-releases/Pages/jl10057.aspx.

2. También merecen la consideración de prácticas de *treaty shopping* aquellos casos en los que una persona residente del Estado contratante donde se origina la renta busca obtener los beneficios del convenio (por ejemplo, transfiriendo su residencia al otro Estado contratante o utilizando una entidad allí constituida). En el presente informe también se han formulado recomendaciones que tienen como objeto este tipo de prácticas.

3. Reproducido en la página R(5)-1 y R(6)-1 de la versión completa del Modelo.

4. Reproducido en la página R(17)-1 de la versión completa del Modelo.

5. Ver, en particular, la recomendación 9 del informe:

   que los países valoren incluir en sus convenios tributarios normas dirigidas a limitar la concesión de los beneficios del convenio respecto de entidades y rentas cubiertas por medidas que constituyan prácticas fiscales perniciosas y estudien también cómo pueden aplicarse las disposiciones actuales de sus convenios con ese mismo propósito; y que se modifiquen aquellas disposiciones o aclaraciones del Modelo de Convenio que sean necesarias en este sentido.

6. Párrafo 20 del Comentario al artículo 1.

7. Párrafo 21.4 del Comentario al artículo 1.

8. Véase www.treasury.gov/resource-center/tax-policy/treaties/Documents/Treaty-Limitation-on-Benefits-5-20-2015.pdf.

9. La redacción de este artículo dependerá de cómo los Estados contratantes opten por implementar su intención común de eliminar la doble imposición sin que ello conlleve la generación de oportunidades para la no imposición o la imposición reducida a través de la elusión, la evasión fiscal o las estrategias treaty shopping. Ello puede hacerse de diversas formas: mediante la adopción del apartado 7 únicamente, mediante la adopción de la versión detallada los apartados 1 a 6 descrita en el Comentario al artículo [X] junto con el mecanismo de prevención del uso de sociedades instrumentales incluido en el párrafo [x] de dicho Comentario, o mediante la adopción del apartado 7 junto con alguna de las variaciones de los apartados 1 a 6 descritas en el Comentario al artículo [X].

10. Los apartados 1 a 6 y el Comentario posterior se encuentran entre corchetes en espera de su conclusión.

11. El apartado 4 se ha incluido porque se entiende que la Acción 5 (Combatir las prácticas tributarias perniciosas con mayor eficacia, teniendo en cuenta la transparencia y la sustancia) y la Acción 8 (Intangibles) del Plan de Acción BEPS abordarán los problemas BEPS que puedan surgir de la disposición de beneficios derivados, que sería de aplicación no sólo sobre dividendos sino también sobre pagos que erosionan la base como los cánones. Así pues, deberá evaluarse la inclusión del apartado 4 teniendo en cuenta el resultado del trabajo en estas dos Acciones, así como otros mecanismos alternativos capaces de abordar estas problemáticas, por ejemplo la medida en materia de "regímenes fiscales especiales" descrita en el apartado C del presente informe.

12. Párrafo 16 de ese informe.

13. Párrafo 23 del Comentario al artículo 4 del Borrador de Convenio de 1963.

14. Véase www.treasury.gov/resource-center/tax-policy/treaties/Documents/Treaty-Exempt-Permanent-Establishments-5-20-2015.pdf.

15. De acuerdo con los principios del Derecho Internacional Público, tal y como aparecen codificados en los artículos 26 y 27 de la Convención de Viena sobre el Derecho de los Tratados, si de la aplicación de una norma interna anti-abuso se deriva que un Estado parte de un convenio tributario puede gravar un elemento de renta que ese Estado no hubiera podido gravar en virtud de las disposiciones del convenio, se entenderá que la norma interna anti-abuso entra en conflicto con las disposiciones del convenio y que éstas últimas deberían prevalecer.

16. La redacción de la cláusula de salvaguarda y de sus excepciones es la siguiente:

   4. Salvo por lo previsto en el apartado 5, este Convenio no afectará al gravamen que un Estado contratante pueda imponer sobre sus residentes (tal y como se definen en el artículo 4 (residencia)) y ciudadanos. No obstante las restantes disposiciones de este convenio, un antiguo ciudadano o un antiguo residente de larga duración de un Estado contratante puede quedar sujeto a imposición conforme a la legislación de ese Estado contratante.

   5. Las disposiciones del apartado 4 no afectarán:

   a) A los beneficios concedidos por un Estado contratante en virtud del apartado 2 del artículo 9 (empresas asociadas), el apartado 7 del artículo 13 (ganancias), la letra b) del apartado 1 y los apartados 2, 3 y 6 del artículo 17 (pensiones, seguridad social, anualidades, pensiones alimenticias y ayudas por hijos), el apartado 3 del artículo 18 (fondos de pensiones) y los artículos 23 (deducciones por doble imposición), 24 (no discriminación) y 25 (procedimiento amistoso); y

   b) A los beneficios concedidos por un Estado contratante en virtud del apartado 1 del artículo 18 (fondos de pensiones) y los artículos 19 (funciones públicas), 20 (estudiantes y personas en prácticas) y 27 (agentes diplomáticos y funcionarios consulares) respecto de personas que ni sean nacionales ni hayan sido admitidos como residentes permanentes en ese Estado.

17. "2. Para los efectos de la interpretación de un tratado el contexto comprenderá, además del texto, incluidos su preámbulo y anexos:

   (a) todo acuerdo que se refiera al tratado y haya sido concertado entre todas las partes con motivo de la celebración del tratado;

   (b) todo instrumento formulado por una o más partes con motivo de la celebración del tratado y aceptado por las demás como instrumento referente al tratado.

18. El Comentario al Proyecto de Convención de Viena en Derecho de los Tratados de 1966 señalaba que la Corte Internacional de Justicia "ha recurrido en más de una ocasión a la manifestación del objeto y fin de un convenio recogida en su preámbulo a la hora de interpretar una disposición particular" (Draft Articles on the Law of Treaties with commentaries, Report of the International Law Commission to the General Assembly, Yearbook of the International Law Commission, 1966, vol. II, p. 221)

19. Véanse www.treasury.gov/resource-center/tax-policy/treaties/Documents/Treaty-Special-Tax-Regimes-5-20-2015.pdf y www.treasury.gov/resource-center/tax-policy/treaties/Documents/Treaty-Subsequent-Changes-in-Law-5-20-2015.pdf.

Referencias

OCDE (2015a), *Neutralizar los efectos de los mecanismos híbridos, Acción 2 – Informe Final 2015*, Proyecto OCDE/G20 de Erosión de la Base Imponible y Traslado de Benecios, OCDE, París.

OCDE (2015b), *Impedir la exclusión fraudulenta del estatus de establecimiento permanente, Acción 7 – Informe Final 2015*, Proyecto OCDE/G20 de Erosión de la Base Imponible y Traslado de Benecios, OCDE, París.

OCDE (2014), *Preventing the Granting of Treaty Benefits in Inappropriate Circumstances*, OCDE, París, http://dx.doi.org/10.1787/9789264219120-en.

OCDE (2013), *Plan de acción contra la erosión de la base imponible y el traslado de beneficios*, OCDE, París, http://dx.doi.org/10.1787/9789264207813-es.

OCDE (2012), *Model Tax Convention on Income and on Capital 2010 (Full Version)*, OCDE, París, http://dx.doi.org/10.1787/9789264175181-en.

OCDE (2010), *The Granting of Treaty Benefits with Respect to the Income of Collective Investment Vehicles*, OCDE, París, www.oecd.org/ctp/treaties/45359261.pdf.

OCDE (2008), *Tax Treaty Issues Related to REITs*, OCDE, París, www.oecd.org/tax/treaties/39554788.pdf.

OCDE (1998), *Harmful Tax Competition: An Emerging Global Issue*, OCDE, París, http://dx.doi.org/10.1787/9789264162945-en.

ORGANIZACIÓN DE COOPERACIÓN Y DE DESARROLLO ECONÓMICOS (OCDE)

La OCDE constituye un foro único en su género, donde los gobiernos trabajan conjuntamente para afrontar los retos económicos, sociales y medioambientales que plantea la globalización. La OCDE está a la vanguardia de los esfuerzos emprendidos para ayudar a los gobiernos a entender y responder a los cambios preocupaciones del mundo actual, como el gobierno corporativo, la economía de la información y los retos que genera el envejecimiento de la población. La Organización ofrece a los gobiernos un marco en el que pueden comparar sus experiencias políticas, buscar respuestas a problemas comunes, identificar buenas prácticas y trabajar en la coordinación de políticas nacionales e internacionales.

Los países miembros de la OCDE son: Alemania, Australia, Austria, Bélgica, Canadá, Chile, Corea, Dinamarca, Eslovenia, España, Estados Unidos de América, Estonia, Finlandia, Francia, Grecia, Hungría, Irlanda, Islandia, Israel, Italia, Japón, Luxemburgo, México, Noruega, Nueva Zelanda, Países Bajos, Polonia, Portugal, Reino Unido, República Checa, República Eslovaca, Suecia, Suiza y Turquía. La Comisión Europea participa en el trabajo de la OCDE.

Las publicaciones de la OCDE aseguran una amplia difusión de los trabajos de la Organización. Éstos incluyen los resultados de la compilación de estadísticas, los trabajos de investigación sobre temas económicos, sociales y medioambientales, así como las convenciones, directrices y los modelos desarrollados por los países miembros.

OECD PUBLISHING, 2, rue André-Pascal, 75775 PARIS CEDEX 16
(23 2015 33 4 P) ISBN 978-92-64-25707-8 – 2016

www.ingramcontent.com/pod-product-compliance
Lightning Source LLC
LaVergne TN
LVHW081412110826
845149LV00010B/1717

* 9 7 8 9 2 6 4 2 5 7 0 7 8 *